Como Eu Ensino

A escravidão no Brasil

Este livro é para Afonsinho, que libertou
os jogadores de futebol da escravidão do passe.
E para Victoria Garbayo, autora do gráfico e consultora.
E Teresa Garbayo, por tudo.

Como Eu Ensino

A escravidão no Brasil

Joel Rufino dos Santos

Editora Melhoramentos

Santos, Joel Rufino dos
    A escravidão no Brasil / Joel Rufino dos Santos. São Paulo: Editora Melhoramentos, 2013. (Como eu ensino)

    ISBN 978-85-06-07157-1

    1. Educação e ensino. 2. Técnicas de ensino – Formação de professores. 3. História do Brasil – Técnicas de ensino. I. Título. II. Série.

13/094   CDD 370

Índices para catálogo sistemático:
1. Educação e ensino   370
2. Formação de professores – Ensino da Educação   370.7
3. Psicologia da educação – Processos de aprendizagem - Professores   370.15
4. História do Brasil – Técnicas de ensino   371.33

Obra conforme o Acordo Ortográfico da Língua Portuguesa

Organizadores Maria José Nóbrega e Ricardo Prado

Coordenação editorial ESTÚDIO SABIÁ
Edição de texto Valéria Braga Sanalios
Revisão Ceci Meira e Nana Rodrigues
Pesquisa iconográfica Monica de Souza
Capa, projeto gráfico e diagramação Nobreart Comunicação

© Joel Rufino dos Santos
Direitos de publicação
© 2013 Editora Melhoramentos Ltda. Todos os direitos reservados.

1ª edição, 2ª impressão, setembro de 2015
ISBN: 978-85-06-07157-1

Atendimento ao consumidor:
Editora Melhoramentos
Caixa Postal: 11541 – CEP: 05049-970
São Paulo – SP – Brasil
Tel.: (11) 3874-0880
www.editoramelhoramentos.com.br
sac@melhoramentos.com.br

Impresso no Brasil

Apresentação

De que maneira uma pessoa configura sua identidade profissional? Que caminhos singulares e diferenciados, no enfrentamento das tarefas cotidianas, compõem os contornos que caracterizam o professor que cada um é?

Em sua performance solitária em sala de aula, cada educador pode reconhecer em sua voz e gestos ecos das condutas de tantos outros mestres cujo comportamento desejou imitar; ou silêncios de tantos outros cuja atuação procurou recalcar.

A identidade profissional resulta de um feixe de memórias de sentidos diversos, de encontros e de oportunidades ao longo da jornada. A identidade profissional resulta, portanto, do diálogo com o outro que nos constitui. É coletiva, não solitária.

A coleção Como Eu Ensino quer aproximar educadores que têm interesse por uma área de conhecimento e exercem um trabalho comum. Os autores são professores que compartilham suas reflexões e suas experiências com o ensino de um determinado tópico. Sabemos que acolher a experiência do outro é constituir um espelho para refletir sobre a nossa própria e ressignificar o vivido. Esperamos que esses encontros promovidos pela coleção renovem o delicado prazer de aprender junto, permitam romper o isolamento que nos fragiliza como profissionais, principalmente no mundo contemporâneo, em que a educação experimenta um tempo de aceleração em compasso com a sociedade tecnológica na busca desenfreada por produtividade.

A proposta desta série de livros especialmente escritos *por professores para professores* (embora sua leitura, estamos certos, interessará a outros aprendizes, bem como aos que são movidos incessantemente pela busca do conhecimento) é sintetizar o conhecimento mais avançado existente sobre determinado tema, oferecendo ao leitor-docente algumas ferramentas didáticas com as quais o tema abordado possa ser aprendido pelos alunos da maneira mais envolvente possível.

A escravidão no Brasil na coleção Como Eu Ensino

Quem visita o Museu Afro-Brasil do Parque Ibirapuera, na cidade de São Paulo, se surpreende ao perceber que a maior parte de seu rico acervo não aborda os horrores da escravidão, e sim a arte e a cultura sofisticadas que os escravos africanos trouxeram para o nosso país. Isso porque, segundo os idealizadores do museu, a história dos negros no Brasil é muito mais complexa, rica e cheia de desdobramentos que vão além dessa abordagem.

Da mesma forma, este livro propõe analisar a escravidão no Brasil como um capítulo da história do trabalho. Porém, antes de situá-la na longa história das conflituosas relações entre capital e mão de obra, o autor quis dar ao leitor-docente "uma ideia" da escravidão. Para isso, traz notícias de jornais ou relatos de contemporâneos à escravidão, como Charles Darwin e Joaquim Nabuco, que permitem vislumbrar curiosos fragmentos da época em que até mesmo os negros libertos podiam ter algum "escravo de ganho".

Depois dessa fotografia panorâmica de uma sociedade escravista tão renitente como a nossa (é bom lembrar que o Brasil foi o último país independente das Américas a abolir o trabalho escravo, apenas em 1888), Rufino avança e nos mostra a dimensão econômica da escravidão, situando-a como um primeiro movimento rumo à atual globalização. Além de explorar os meandros do tráfico negreiro – como funcionava o seu comércio e os principais vetores da luta contra a escravidão –, o autor termina este breve, porém denso livro avaliando a herança que esse sistema nos deixou: analisa o legado cultural que diferentes povos vindos da África promoveram ao encontrarem, aqui, as influências indígenas e europeias. Desse caldo cultural e étnico resultaria o nosso país, sem tirar nem pôr.

Como conclusão, o autor revela como ensinaria *hoje* este assunto tão delicado. Sendo Joel Rufino um dos mais prolíficos e premiados autores de nossa literatura, com obras anteriores publicadas sobre o tema, ele "troca o chapéu" de historiador pelo de escritor, sugerindo aos professores que façam uso de obras clássicas (como *O cortiço*, de Aluízio Azevedo) para entender e analisar melhor o período em questão. Assim, os alunos do século XXI poderão ter uma ideia do que era *ser* ou *ter* escravos no Brasil colonial.

Maria José Nóbrega e Ricardo Prado

Sumário

1. A ideia de escravidão 8
2. A escravidão como processo civilizatório 28
3. A escravidão foi uma globalização 41
4. A escravidão como capítulo da história do trabalho 47
5. Como era o tráfico negreiro 54
6. Trabalhadores e desclassificados 68
7. A luta contra a escravidão 78
8. Como acabou a escravidão brasileira 84
9. O que nos deu a escravidão 95
10. Como eu ensinaria hoje a escravidão 122
11. A necessidade da literatura 129
O autor 136

Capítulo 1

A ideia de escravidão

Fui por muitos anos professor de história. Publiquei sozinho ou em parceria alguns ensaios sobre nosso passado. O que ensinei há vinte e cinco, trinta anos é bem diferente do que ensinaria hoje. Por quê?

Para começar, meus conhecimentos eram menores. Segundo, porque de lá pra cá mudaram alguns conceitos e categorias da história, enquanto as pesquisas, cada vez melhores, revelaram fatos desconhecidos da geração que me antecedeu. Vivemos, pode-se dizer, a era da ciência e da técnica. Foi-se o tempo lento, agora é o tempo veloz. Todos os setores da sociedade – a começar pelo ensino – foram afetados por essas circunstâncias.

Dentre essas circunstâncias, talvez a maior tenha sido o surgimento de um *movimento negro*. Movimento negro no sentido lato, formado por organizações de luta contra o racismo; no estrito senso, professores, intelectuais, pesquisadores, cientistas sociais, líderes políticos, cineastas, roteiristas de televisão, atores, advogados, museólogos e tantos outros, de formas diversas, trabalharam para desmascarar a história oficial, omissa em relação à fatia maior de nosso passado – aquela em que nossa história é em comum com a história africana. Alguns pioneiros, como Gilberto Freyre, Arthur Ramos, Nina Rodrigues, Manoel Querino e, mais recentemente, Nelson Werneck Sodré, Alberto da Costa e Silva, Fernando Henrique Cardoso e outros já haviam nos alertado para essa falta. Assim, os historiadores, como é lógico, acordaram primeiro que os professores, e não em decorrência deles.

Este livro é uma proposta de ensinar a escravidão de uma maneira que não se fazia antes. As informações de geografia e de história da África que se encontram neste livro talvez sejam novas para muitos professores. A inovação na maneira de ensinar a escravidão, com uma abordagem que transita por outros campos, possivelmente causará estranheza a meus colegas. Estranheza sim, mas, espero, não rejeição. Adianto uma das novidades. A escravidão será apresentada como um capítulo da história do trabalho, que no Ocidente começa com o trabalho pré-histórico, tribal, organizado pelas relações de parentesco e cujo fruto era repartido coletivamente. Depois, segue com o trabalho na Antiguidade – o qual se conhece melhor na Grécia e em Roma, onde a escravidão é apenas uma das formas –, se desdobra na servidão feudal e culmina no trabalho assalariado dos tempos modernos. Este, ainda que conviva com formas antigas, é dominante, assim como o sistema capitalista, do qual é a marca, se acomoda a sistemas de feição pré-capitalistas.

Comecemos por esta notícia, publicada no jornal *O Globo*:

> *A Marisa, rede de lojas de roupas, foi suspensa do Pacto Nacional pela Erradicação de Trabalho Escravo, criado em 2005, com 292 empresas signatárias. O comitê que administra o Pacto decidiu pela suspensão diante da ação da empresa na Justiça contra os 43 autos de infração emitidos por fiscais do Ministério do Trabalho, depois que fornecedores da rede foram flagrados usando mão de obra escrava em março de 2010. Foram encontrados em condições análogas à de escravos 16 bolivianos, sendo um menor e um peruano trabalhando em confecções na zona norte de São Paulo.*[1]

---
[1] *O Globo*, 12 out. 2012.

Essa notícia de jornal remete imediatamente ao trabalho escravo e, ao mesmo tempo, menciona "condições análogas à de escravos". Lendo-a, qualquer pessoa, sem necessidade de estudo, *tem uma ideia* do que foi a escravidão. Porém, para ir mais fundo sobre *o que* ela foi de fato, precisará de muitas outras informações, começando pela sutil distinção entre escravos e análogos a escravos.

Concepção gráfica de Victoria Garbayo

Qualquer das acepções descritas acima dá *uma ideia* de escravidão. Uma acepção ajuda a entender a outra. O estudo de qualquer coisa deve partir sempre de perguntas sobre sua natureza. Por exemplo, que ideia *temos* dela – as Cruzadas, o cosmos, a loucura, a liberdade, a cultura, a justiça e tantas outras? Embora muitos professores não pensem sua disciplina como filosófica, toda disciplina é filosófica, já que estudamos a fundo qualquer tema para formular *uma ideia* sobre ele, tanto professores como alunos. Essa ideia tanto pode permanecer em nossa mente quanto orientar a nossa prática social. Com uma baioneta, disse Napoleão Bonaparte (1769-1821), se pode fazer qualquer coisa, menos sentar em cima dela. Emmanuel Kant (1724-1804), que nunca usou baioneta, colocava essa questão nos seguintes termos: você escolhe entre a ideia (ou razão) passiva e a ativa. Essa escolha é um dos fundamentos do que chamamos ética.

O ensino de história no Brasil Colônia, a cargo dos jesuítas, era um ramo das humanidades, presa da retórica, da decoreba e da palmatória. No fim do século XIX, com a disciplina se pretendendo científica, pouco mudou. Bom professor era o que conseguia enfiar na cabeça dos alunos a maior quantidade de fatos, nomes e datas. Há ainda quem maldiga a nossa disciplina por causa dessa burrice didática – mas era um sinal dos tempos. O aluno inteligente se pergunta: se houve em nosso país tantos "vultos históricos" – Tomé de Souza, marquês de Pombal, José Bonifácio, os dois imperadores, Caxias e tantos outros que, como num álbum de figurinhas, atufam os manuais –, como se explica que tenhamos chegado ao século XXI tão socialmente desiguais e politicamente tão oligarquizados? O escritor Monteiro Lobato, estudante durante o apogeu da decoreba e dos grandes heróis nacionais, dizia só se lembrar de uma lição: a do bispo Sardinha devorado pelos índios caetés...

Na segunda metade do século XX, ainda com pretensão científica e ensino monocórdico, parecemos avançar com um marxismo de cartilha, mal assimilado, em que as contradições econômicas apareciam na frente de tudo. A *história dos vencidos* e a ampliação dos seus objetos – o cotidiano, a família, o lazer, a moda, os esportes, a arquitetura, a mentalidade etc. – foram avanços da historiografia acadêmica. Mas demoraram a chegar às salas de aula, como se uma parede invisível – um recalcamento, diriam os freudianos – os impedissem. No entanto, a história dos vencidos tem sido pouco mais que o avesso da história oficial. No lugar do chefe indígena Arariboia, Cunhambebe; no lugar de D. João VI, padre Roma. O avesso ainda não é mudança, ao menos no ensino. E fortaleceu neste o que se desejava derrubar, virando uma anti-história de anti-heróis, grandes rebeldes, revolucionários formidáveis. Há muitos livros didáticos, dos últimos trinta anos, que justificam o ditado: "Por fora, bela viola; por dentro, pão bolorento".

É dificílimo, sempre foi, reformar o ensino de história. É que ele anda de braços dados com o discurso verde-amarelo dos museus, dos políticos profissionais (bem ou mal intencionados), da consciência nacional, da vigilância das forças armadas, da Igreja e, sejamos sinceros, com certa inércia dos professores. Talvez sejamos o único país que já mandou para a cadeia os proponentes de um novo ensino da disciplina (a História Nova do Brasil, reprimida pelo golpe civil-militar de 1964).

Hoje, num contexto democrático provavelmente sólido, é possível acatar propostas para colocar a história didática no compasso das mudanças gerais da sociedade e da cultura. Este livro é uma dessas propostas, restrita ao capítulo da escravidão.

Mas em qual das acepções de escravidão estaria interessado o professor? O ensino histórico, no Brasil, trata a escravidão quase exclusivamente como um fato econômico, como modo de produção (ou, como dizem os economistas, como um padrão de acumulação de capital). O que é modo de produção? Uma forma de organizar o trabalho, os meios que esse trabalho utiliza, a distribuição da riqueza gerada por esse trabalho e, por fim, a relação dos trabalhadores com seus patrões, senhores ou donos.

A escravidão mais estudada foi a da Antiguidade dita clássica (Grécia e Império Romano). Era, porém, um tipo muito diverso da escravidão ocorrida nos tempos modernos (entre as Grandes Navegações e a Revolução Industrial, mais ou menos). Os povos antigos – gregos, romanos, persas, egípcios, chineses, incas, bantos e tantos outros – tinham escravos, mas a escravidão não era a principal forma de produzir. Ela se combinava com outras. Um exemplo é a sociedade germânica (dita bárbara para os romanos), em que no topo estavam os guerreiros – com o direito exclusivo de portar armas e participar das assembleias –, abaixo deles os semi-livres (indivíduos capturados em combate) e, abaixo de todos, os lavradores e os escravos domésticos, muitos deles por dívidas, podendo subir à condição de semi-livres.

Outro exemplo são os porteiros das mansões árabes, "negros como lacas", comprados em Madagascar, no Índico. Ou ainda os meninos do Mali, agrilhoados enquanto não decorassem o Alcorão; ou, ainda, os trabalhadores forçados das minas de sal e de ouro em Timbuctu e Jené, no continente africano. Nas plantações do rei do Songai, um dos impérios da savana africana, lá por 1550 trabalhavam nas lavouras de arroz e milharete duzentos escravos em média, sob o comando de quatro feitores e um capataz-chefe, todos escravos. Ou, finalmente, os escravos chineses artesãos, que esculpiram os sete mil soldados de terracota que foram enterrados com o imperador Qin Shi Huang em 210 a.C.

Foi somente na Idade Moderna que a escravidão se tornou, por quase quatro séculos, a forma principal de trabalho – no Caribe, em nosso país, no sul dos Estados Unidos. Aliás, Idade Moderna, assim como Idade Média, é uma denominação imprecisa. Moderno, na linguagem comum, significa avançado, atual. Historiadores e professores de história usam essa expressão, exclusivamente, para designar o que aconteceu entre os séculos XV e XIX (há quem sugira a I Grande Guerra, entre 1914 e 1918, como o fim dessa era). Em poucas palavras, *escravidão moderna foi o sistema econômico-social instalado na América pelo capital com base no trabalho compulsório de milhões de índios e africanos.*

Um sistema de tortura

A escravidão, para começar, foi um mecanismo de tortura sistemático. Os patrões (senhores) eram proprietários do corpo dos trabalhadores (escravos). Para fazer render esse corpo, como uma máquina ou um boi, valia tudo, a começar pela tortura – que era legalizada e, mesmo quando não utilizada, pairava no ar como ameaça:

> *Nas fazendas, os desgraçados sofriam a prática de um regime de terror, porque o fazendeiro, temendo a rebeldia do negro, a reação da besta, trazia-os enfreados, como que tolhidos de toda e qualquer ação intelectual, por um sistema de humana disciplina. Inventou para esse fim os mais perfeitos instrumentos de martírio: os tronos, as gargalheiras, as escadas, os bacalhaus cortantes, os sinetes incandescentes, as tesouras para cortar os lábios e orelhas, os anjinhos e colares de ferro. De mais, quando o delito era gravíssimo, amarravam os negros e os metiam vivos no âmago das fornalhas ardentes dos engenhos [...] Castrações, amputações de seios, extração de olhos, fraturas de dentes, desfigurações de faces, amputações de membros etc., foram castigos que em engenhos e fazendas brasileiros não se pode dizer que tenham sido raros. [...] Os castigos eram aplicados em vias públicas, ante a indiferença de todos e às vezes até diante do aplauso de muitos. Havia toda uma série de instrumentos de tortura que se vendiam normalmente nas lojas. Eram gargalheiras (um "colar" que se punha ao pescoço, com corrente pendurada); calceta (grilhões que se amarravam aos tornozelos); anjinhos (um anel de pressão que envolvia os polegares dos pés e mãos e se apertava gradualmente); viramundo (ferros onde se metiam as mãos e*

os pés); peia (algemas); e muitos outros, além do indefectível tronco.[2]

A casa-grande, a senzala e o pelourinho compunham o cenário em que a nossa vida transcorreu por quatro quintos do tempo de vida do país. Joaquim Nabuco (1849-1910), que foi proprietário de escravos e abolicionista, depôs, desvelando o mito do senhor bom:

O limite da crueldade do senhor está, pois, na passividade do escravo. Desde que esta cessa, aparece aquela; e como a posição do proprietário de homens no meio do seu povo sublevado seria a mais perigosa, e, por causa da família, a mais aterradora possível, cada senhor, em todos os momentos da sua vida, vive exposto à contingência de ser bárbaro, e, para evitar maiores desgraças, coagido a ser severo. A escravidão não pode ser com efeito outra coisa. [...] O bom senhor de um mau escravo seria mais do que acidente feliz; o que nós conhecemos é o bom senhor do escravo que renunciou à própria individualidade, e é um cadáver moral; mas esse é bom porque trata bem, materialmente falando, o escravo – não porque procure levantar nele o homem aviltado nem ressuscitar a dignidade morta.[3]

O pelourinho, picota ou polé, erguido na praça principal das cidades, era o símbolo da autonomia municipal. Só com a proclamação da Independência, em 1822, começaram a ser derrubados, vistos aos poucos como signo da crueldade. "Toda história é remorso", escreveu o poeta Carlos Drummond de Andrade.

---

[2] NABUCO, 1972, p. 134-135.
[3] Idem, p. 135.

"No pelourinho – conta o memorialista Vieira Fazenda, ainda em 1901 – eram surrados os escravos. Há na obra de Rugendas (desenhista alemão) uma estampa que horroriza: é um pungente epigrama aos nossos antigos costumes. Ela devia ser destruída como o foram todos os papéis e documentos que se referiam aos tristes e escandalosos fatos de escravidão no Brasil".[4] (Sobre a destruição de documentos da escravidão, veja o capítulo 8, p. 83). O francês Jean-Baptiste Debret (1768-1845) foi outro estrangeiro a desenhar e descrever o castigo dos açoites, mencionando o sadismo da assistência:

O povo admira a habilidade do carrasco que, ao levantar para aplicar o golpe, arranha de leve a epiderme, deixando-a em carne viva depois da terceira chicotada. Conserva ele o braço levantado durante o intervalo de alguns segundos entre cada golpe, tanto para contá-los em voz alta como para economizar suas forças até o fim da execução. Aliás, tem o cuidado de fabricar ele próprio seu instrumento, a fim de facilitar essa tarefa. Trata-se com efeito de um cabo de chicote de um pé de comprimento com sete ou oito tiras de couro espessas e retorcidas. Esse instrumento contundente nunca deixa de produzir efeito, quando bem seco, mas ao se amolecer pelo sangue precisa o carrasco trocá-lo, mantendo para isso cinco ou seis ao seu lado, no chão.
O lado esquerdo da cena está ocupado por um grupo de condenados enfileirados diante do pelourinho onde o carrasco acaba de distribuir 40 ou 50 chicotadas. É natural que entre os assistentes os mais atentos sejam os dois negros das extremidades do grupo, pois coube-lhes em geral

---

[4] FAZENDA, V, 1919, p. 97.

a um ou outro substituir a vítima mandada para o pau da paciência, como se chama o pelourinho; por isso suas cabeças abaixam à medida que as chicotadas aumentam.

É no pelourinho que se pode avaliar o caráter do negro castigado e o grau de irritabilidade de seu temperamento geralmente nervoso. Acontece mesmo que se modifique na execução o número de golpes, em vista do esgotamento das forças do indivíduo demasiado impressionável, o que me foi dado verificar com um jovem mulato, escravo de um rico proprietário.

Embora fortemente amarrado, como mostra o desenho, a dor dá-lhe energia suficiente para se erguer na ponta dos pés a cada chicotada recebida, movimento convulsivo tantas vezes repetido que o suor da fricção do ventre e das coxas da vítima acaba polindo o pelourinho a certa altura. Enquanto alguns condenados (e estes são temíveis) demonstram uma grande força de caráter, sofrendo em silêncio até a última chicotada.

Logo depois de desamarrado, é o negro castigado deitado no chão de cabeça para baixo a fim de evitar-se a perda de sangue, e a chaga escondida sob a fralda da camisa escapa assim à picada dos enxames de moscas que logo se põem à procura desse horrível repasto. Finalmente, terminada a execução, os condenados ajustam suas calças e todos, dois por dois, voltam para a prisão com a mesma escolta que os trouxe.[5]

O costume da tortura sobrevive, ainda hoje, em nossas cabeças. Quando dizemos, por exemplo, "torturaram um inocente!", insinuamos que a tortura de *quem merece* é normal. A naturalidade e a aceitação

---
[5] DEBRET, 2008, p. 265-266.

da prática da tortura atualmente é uma das heranças da nossa escravidão. E é significativo que ela só fosse publicamente condenada quando atingiu militantes políticos, ou seja, durante a última ditadura civil-militar (1964-1985).

Casos de escravidão

Apresento em seguida alguns *casos* da escravidão moderna em nosso país que, como mencionado antes, foi diferente de outras escravidões. O professor poderá fazer perguntas a cada aluno, sem se importar com o acerto das respostas dadas; em seguida, formulará perguntas a partir dessas respostas e assim sucessivamente, até conseguir que os alunos *façam* uma ideia, e não apenas *tenham* uma ideia do fato em si. Ou seja, por via do *fato*, eles chegarão a uma ideia do *fenômeno* escravidão.

Caso 1. Uma notícia de jornal.

Na segunda-feira suicidou-se asphixiando-se no poço da casa uma escrava do Sr. José Vicente-Thibaut, diretor do colégio S. Pedro. Motivo do suicídio foi o fato dela achar-se inteiramente corroída de doenças ocultas. O Sr. Thibaut havia comprado essa escrava há pouco mais de quinze dias n'um leilão onde lhe havia sido afiançado qu'era sã e jamais tinha sofrido senão d'um panarício [inflamação em torno da unha]. *Muito embora esse desengano fosse muito cruel, tratou elle de sua escrava com todo o desvelo... A preta fora escrava do Sr. Dr. Menezes, que a mandou vender em leilão com a declaração que não sofria senão d'um panarício; a própria escrava disse que seu ex-senhor a obrigava com* ameaças de sova, se não fosse vendida, a declarar no leilão que não era doente".[6]

Caso 2. Anúncios de jornal.

* *Desapareceu no dia 16 deste, da rua do Cano n. 2, um negro barqueiro, chamado Sebastian, nativo de Inhambane, cheio de corpo, altura normal, vestindo uma camisa branca suja e calças, acompanhado de um cachorro preto que responde pelo nome de "Cara Linda". Quem conseguir prendê-lo e trazê-lo para a Casa de Correção ou então dar informações no endereço acima, será recompensado pelo seu trabalho.*

* *Quem puder prender e trazer para o número 112, rua de São Pedro, uma velha negra, chamada Eva, que fugiu vestida com bata escura listrada, carregando consigo uma caixa de guloseimas, uma caixa com roupa de cama e mesa, vários pares de sapato (sendo uma grande ladra), e tem um de seus olhos fechado, será bem recompensado.*

* *Fugiu, no dia 8 do corrente, às oito horas da manhã ao dr. José Júlio de Freitas Coutinho, morador da rua do Hospício n. 108, uma preta sua escrava, de nome Maria, da nação Congo, a qual terá 25 anos de idade, é mais preta do que fula, tem cabelo cortado à gaforinha, e é bem feita de corpo, tem bonita phisionomia, dentes claros e bem arrumados, signaes nos braços e um de cortadura na chave [na palma] de uma das mãos; levou vestido de chita escura, lenço de riscadinho e brincos de vidro escarlate;*

---

[6] *Echo do Sul.* Jornal gaúcho, 19 fev. 1862.

levou dous vestidos brancos, um de cassa de xadrez miúdo e outro de cambrêta, sapatos, meias, um xale de renda, uma saia de morim grosso e uma camisa do mesmo. Supõe-se que foi seduzida e esteja oculta, por ser mocamba recolhida e prendada. Protesta-se contra quem a tiver, e pede-se a quem a descobrir que a leve para a referida casa, onde será gratificado.[7]

Caso 3. História folclórica.

Morre o dono do engenho, a dona promove a gerente um africano, Pai José. Imediatamente ele deu ordem aos outros negros: de ora em diante, não o tratassem mais por Pai José, mas por Sinhô Moço Cazuza. Os negros obedeceram e, quando o viam, diziam: "A bênção, Sinhô Moço Cazuza". Muito concho, ele respondia: "Bênção de Deus". Não ficou só aí o seu orgulho. Quando chegou em casa, disse para a senhora: "Minha sinhá, quando Sinhô Moço Cazuza chegava em casa cansado, minha sinhá não mandava logo botar banho pra ele? Pois eu também quero". No outro dia: "Minha sinhá não mandava mulatinha esfregar costa de meu sinhô? Pois eu também quero". Depois: "E minha sinhá não dava camisa engomada pra meu sinhô vestir? Pai José também quer". Até que acabou a paciência da mulher. Muniu dois criados de bons chicotes e mandou se esconderem no quarto do negro. "Minha sinhá, quando meu sinhô acabava de tomar banho e de vestir camisa gomada, ia pro quarto pra minha sinhá catar piolho nele. Pai José também quer". A moça não teve dúvida. Mandou-o entrar para o quarto e já se viu. Pai José apanhou

[7] *Jornal do Comércio*, 13 ago. 1842.

tanto que escapou de morrer. No outro dia, bem cedo, chegou na roça moído. Os negros o saudaram: "A bênção, Sinhô Cazuza". Ele, muito zangado: "Eu não sou Sinhô Moço Cazuza, não, eu sou Pai José". Os negros nunca souberam a causa daquela mudança.[8]

Caso 4: Um relato de Charles Darwin.

Aconteceu [comigo, Charles Darwin] *que, certo dia, atravessando um ferry em companhia de um negro que era excessivamente estúpido, a fim de ser compreendido, passei a falar alto e a gesticular. Devo, em algum momento, ter-lhe passado a mão próximo ao rosto, pois, julgando talvez que eu estivesse irado e fosse batê-lo, deixou penderem os braços, com a fisionomia transfigurada pelo terror, e os olhos semicerrados, na atitude de quem espera uma bofetada da qual não pretende esquivar-se. Nunca me hei de esquecer da vergonha, surpresa e repulsa que senti ao ver um homem tão musculoso ter medo até de aparar um golpe, num movimento instintivo. Este indivíduo tinha sido treinado a suportar degradação mais aviltante que a da escravidão do mais indefeso animal.*[9]

Caso 5: Um relato de Joaquim Nabuco.

Eu [Joaquim Nabuco] *estava uma tarde sentado no patamar da escada exterior da casa, quando vejo precipitar-se para mim um jovem negro desconhecido, de cerca de dezoito anos, o qual se abraça aos meus pés suplicando-me pelo amor de Deus que o*

---

[8] História folclórica corrente no interior de Minas Gerais.
[9] DARWIN, s/d, v. 1, p. 44.

fizesse comprar por minha madrinha para me servir. Ele vinha das vizinhanças, procurando mudar de senhor porque o dele, dizia-me, o castigava, e ele tinha fugido com risco de vida... Foi este o traço inesperado que me descobriu a natureza da instituição com a qual eu vivera até e tão familiarmente, sem suspeitar a dor que ela ocultava".[10]

Caso 6: Uma crônica de Machado de Assis.

O sujeito tinha uma escrava de 65 anos que já o tinha reembolsado sete ou oito vezes do que custou. Fez anos e se lembrou de libertá-la... de graça, sem lhe cobrar a alforria. Fez autopromoção pelos jornais, alardeando o fato, nome da escrava, motivo do benefício etc.; e um único comentário: "Ações desta merecem todo o louvor das almas bem formadas". Nesse meio tempo, o Jornal do Comércio *publica a doação anônima de outro senhor aos órfãos da Santa Casa, filhos de escravas, vinte contos de réis, muito dinheiro. O homem fica sem jeito. Suspende a publicação. De vez em quando os amigos lhe perguntam se a Clarimunda morrera.*

  "Oh! Não!
  Libertaste-a?
  Falemos de outra coisa. Vais hoje ao teatro?"

A história acima foi contada por Machado de Assis numa crônica do jornal *Ilustração*, em 15 de junho de 1877. Seu comentário: "Exigir mais seria cruel".[11]

---

[10] NABUCO, 1972, p. 134-135.
[11] DUARTE, 2007, p. 34.

Caso 7. A história de Rosa Egipcíaca.

Egipcíaca, que viveu na primeira metade do século XVIII, foi a pioneira das nossas escritoras afro-brasileiras. Louca ou santa, doente ou embusteira? Carlos Mott contou sua vida desde os seis anos, quando fora capturada na costa da atual Nigéria e vendida no Rio de Janeiro (1725). Deflorada pelo amo, como era comum, foi prostituta em Minas Gerais por quinze anos. "Se desonestava [as palavras são dela] vivendo como meretriz, tratando com qualquer homem secular que a procurava, em cuja vida assim andou até o tempo que teve o Espírito Maligno". Um exorcista, o padre Xota-Diabos, acabou por adotá-la. Quando o Espírito baixava, Rosa era jogada por um vento contra a primeira cruz à vista, entre outros prodígios. Se autoproclamava esposa da Santíssima Trindade. Fez milagres, adivinhou o futuro, rogou pragas, deu conselhos. Açoitada no pelourinho da cidade de Mariana como feiticeira, fugiu para o Rio de Janeiro, fundou o Recolhimento de Nossa Senhora do Parto, para prostitutas, quase todas negras e mulatas pertencentes a senhores e senhoras distintas (ou até mesmo a escravos que tinham escravas). Entregue à Inquisição, em Lisboa, a última notícia de Egipcíaca que o historiador Luis Mott nos dá é de 1765: após o sexto interrogatório foi largada na cela. Saiu da história pela treva.[12]

Caso 8. O caso da Conjuração Baiana.

Um dia de 1798, Salvador amanheceu coberta de panfletos audaciosos: "Está para chegar o tempo feliz da nossa liberdade, o tempo em que todos seremos irmãos, o tempo em que todos seremos iguais".

---
[12] Mott trabalhou sobre Confissões da Bahia à visitação do Santo Ofício à Bahia em 1591. Consultar bibliografia, p. 26.

Homens de bem temiam a repetição aqui da Revolução Haitiana (1791), o poder negro. A polícia suspeitava da loja maçônica Cavaleiros da Luz, que escondia francesistas (adeptos da Revolução Francesa). Prendendo e torturando, chegaram ao núcleo revolucionário de pretos artesãos. Levados ao juiz, um respondeu que, sendo ele o governador, repartiria as fortunas entre os que não tinham nada, que por essa ideia dava a vida. No final, somente 4 negros foram enforcados e esquartejados, a começar pelo que, escandalizando o tribunal, se imaginou governador.[13]

---

[13] SCISÍNIO, 1997, p. 91-92.

Para saber mais sobre o conteúdo deste capítulo

ASSIS, Machado de. *Obra completa*. 3 vols. Rio de Janeiro: Nova Aguilar, 1994.

DARWIN, Charles. *Viagem ao redor do mundo*. 2 vols. Rio de Janeiro: Sedegra, s/d.

DEBRET, Jean-Baptiste. *Viagem pitoresca e histórica ao Brasil*. Belo Horizonte: Itatiaia, 2 v., tomo 1, 2008.

DUARTE, Eduardo de Assis. *Machado de Assis, afrodescendente*. 2ª ed. Rio de Janeiro: Pallas, 2007.

FAZENDA, V. "Antiqualhas e memórias do Rio de Janeiro". Rio de Janeiro: *Revista do Instituto Histórico e Geográfico Brasileiro*, 5 v., 1919.

GORENDER, Jacob. *O escravismo colonial*. São Paulo: Ática, 1978.

MAESTRI, Mário José. *O escravo gaúcho*. São Paulo: Brasiliense, 1984.

MOTT, Luis. *Rosa Egipcíaca: uma santa africana no Brasil*. Rio de Janeiro: Bertrand, 1993.

NABUCO, Joaquim. *O abolicionismo*. 4ª ed. Petrópolis: Vozes, 1972.

_____. *Minha formação*. Rio de Janeiro: José Olympio, 1957.

QUERINO, Manoel. *A raça africana e seus costumes*. Salvador: Progresso, 1955.

_____. *Costumes africanos no Brasil*. Rio de Janeiro: Biblioteca de Divisão Científica, 1938.

RODRIGUES, Nina. *Os africanos no Brasil.* Rio de Janeiro: Civilização Brasileira, 1935.

SCISÍNIO, Alaor Eduardo. *Dicionário da escravidão.* Rio de Janeiro: Leo Christiano, 1997.

Capítulo 2

A escravidão como processo civilizatório

A escravidão no Brasil foi um circo de horrores. Mas foi, também, por mais que pareça estranho, um *processo civilizatório*.

Civilização, para o senso comum, quer dizer refinamento, educação, técnicas avançadas e belas-artes. Nas ciências sociais, porém, pode referir-se ao encontro prolongado de povos e culturas diferentes, gerando algo mais complexo. Os raros povos e culturas que não se encontraram com outros – devido ao isolamento físico natural ou deliberado – não viveram processos civilizatórios.

Durante muito tempo, os europeus ocidentais – e, aliás, também os chineses – reservaram para si a palavra civilização, desqualificando os demais povos e culturas como selvagens, primitivos, incapazes de se civilizarem. Essa crença faz parte do que chamamos de etnocentrismo e, nos tempos modernos, de *ideologia do colonialismo* – o conjunto de ideias justificatórias do domínio europeu sobre os outros continentes. Há declarações famosas dessa arrogância, como a do explorador espanhol Hernán Cortez ao pisar em Tenochtitlán, capital dos astecas construída em meio a um lago para o qual se dirigiam avenidas e canais. Pasmo, decretou que nenhuma cidade podia ser melhor do que Madrid. A estupefação do comandante deve ter despertado em seus homens o ímpeto de destruí-la. Churchill, o estadista inglês, quando da independência da Índia, teria dito: "O preço que a Inglaterra pagará pelo domínio do mundo é ouvir um indiano falando inglês".

Podemos pensar o contrário: brasileiros e africanos falando português, assim como indianos falando inglês, não foi uma decadência cultural, mas sua complexificação. Africanos e negros brasileiros não só ampliaram o vocabulário da língua, muitas vezes substituindo com vantagem vocábulos portugueses – catinga por mau cheiro, moleque por garoto, mulambo em vez de trapo, e assim por diante. De norte a sul, falamos, sem qualquer estranheza, camba, canga, dengo, cafuné quitute, camundongo, cafajeste, quenga, batuque, banzo, mucama, berimbau, tanga, cachimbo, me diga, me faça, me espere, em vez de diga-me, faça-me, espere-me e tantas outras influências linguísticas. Tendo que aprender as línguas dos amos, os africanos também dissolveram nelas as suas próprias falas, enriquecendo-as com novas maneiras de dizer. Foi uma verdadeira civilização da língua.

> *A ama negra fez muitas vezes com as palavras o mesmo que com a comida: machucou-as, tirou-lhes as espinhas, os ossos, as durezas, só deixando para a boca do menino branco as sílabas moles. [...] A linguagem infantil brasileira, e mesmo a portuguesa, têm um sabor quase africano: cacá, pipi, bumbum, tentem, neném, tatá, papá, papato, lili, mimi, au-au, bambanho, cocô, dindinho, bimbinha. Amolecimento que se deu em grande parte pela ação da ama negra junto à criança; do escravo preto junto ao filho do senhor branco. [...] As Antônias ficaram Dondons, Toninhas, Totonhas; as Teresas, Tetés; os Manuéis, Nezinhos, Mandus, Manés; os Franciscos, Chico, Chiquinho, Chicó; os Pedros, Pepés; os Albertos, Bebetos, Betinhos. Isso sem falarmos das Iaiás, dos Ioiôs, das Sinhás, das Manus, Calus, Bembéns, Dedés, Marocas, Nocas, Gegês.*[14]

---
[14] FREYRE, 1963, p. 374-375.

Assim como em tudo o mais – na religiosidade, nas artes, na ciência, nas regras de convivência, na sexualidade etc. –, o encontro de europeus, índios e africanos, e mais tarde de eslavos e asiáticos, por quatrocentos anos, suas interações e atritos, teceram um novo processo civilizatório. Alguns ícones dessa civilização eram negros, ou filhos de negros. Passaram maus momentos por conta da cor e\ou da origem, mas, enfim, é neles que nos miramos: um José Maurício, um Aleijadinho, um Machado de Assis, um André Rebouças, um Carlos Gomes, um Lima Barreto, um Mário de Andrade... Como sucedeu aos gregos sob a dominação romana, os dominados, no final das contas, deram o tom à civilização que dela resultou.

A escravidão permitiu a interação de povos e culturas durante um longo tempo, criando riqueza material e complexidade cultural em todos os campos – na culinária, na religiosidade, na língua, na psicologia coletiva, nas artes, nos gestos, nos hábitos, nas formas de relacionamento entre grupos e entre pessoas etc. Essa interação nem sempre foi harmoniosa; muitas vezes, foi atribulada e cruel.

O processo civilizatório

Há pelo menos três maneiras (ou métodos) para estudar a escravidão como um processo civilizatório:

1. A argumentativa, em que o professor começa explicando e culmina conceituando o fato.

2. A socrática, em que o professor estimula os alunos a fazerem perguntas à ideia inicial que *têm* do fato.

3. A do *caso*, em que o professor põe o aluno dentro do fato – como vimos nos estudos de casos do capítulo anterior.

Sócrates (469-399 a.C.) era filho de um modesto escultor e, provavelmente, trabalhou nessa profissão quando jovem. A mãe era parteira. Parto, em grego, é *maieutikê*. O ofício da mãe o influenciou, pois batizou o seu método de ensinar de maiêutica: ensinar de tal modo que as ideias sejam paridas durante o diálogo. Sócrates se postava na rua, no mercado, na ágora, nas academias esportivas e fazia perguntas aos passantes. O que é justo, o que é trabalho, o que é loucura, governo, política... – qualquer pergunta. Muitos não gostavam e, provavelmente, ao vê-lo mudavam de calçada; outros tomavam como simples brincadeira. Outros ainda respondiam, Sócrates então lhes fazia outra pergunta, em cima da resposta. Os que amavam esse jogo de aprender iam se juntando, formando uma *escola*. Acompanhavam o mestre por toda parte, inclusive no momento em que ele tomou cicuta, um veneno mortal, cumprindo a sentença do tribunal de Atenas – Sócrates fora condenado como corruptor da juventude e descrente nos deuses, capaz de sugerir, por exemplo, que a Lua e o Sol fossem pedras incandescentes. Sentindo os efeitos finais do veneno, que endurecia os membros inferiores, o ventre, até chegar ao coração, pediu a um discípulo que chorava: "Críton, devemos um galo a Asclépio, não esqueça de pagar". E Críton: "Sim, isso será feito. Mas veja se tem alguma outra coisa grandiosa a nos dizer". Sócrates nada respondeu. Em seguida Críton lhe fechou os olhos.

A pedagogia desse filósofo, cercado de mito, já que não deixou qualquer texto escrito, consistia em três procedimentos: perguntar uma primeira vez, perguntar novamente às respostas dadas e criar laços afetivos com os alunos. "Se interrogarmos os homens colocando bem as perguntas, descobrirão por si mesmos a verdade sobre cada coisa." Nessa declaração, atribuída por Platão a Sócrates, é só trocar "homens" por "alunos" para se exercer a maiêutica.

Outro recurso pedagógico que se pode combinar com o método socrático é o estudo de *casos*. É muito mais eficaz partir de uma história, de um acontecimento (um *caso*), para argumentar do que o contrário. O *caso* permite ao estudante sentir e pensar ao mesmo tempo. E, ao professor, explorar as janelas que cada um deles sugere.

O trabalho escravo de negros e índios, explorado por capitais europeus e brasileiros, ergueu tudo o que temos: o território, a agricultura, a pecuária, a navegação, as estradas, a mineração, o comércio e, em parte, a indústria – no campo e na cidade. Era lógico que também criasse uma maneira própria de ser – que se desdobrou no tempo e no espaço, fazendo-nos diferentes nos gestos, nas feições, na mentalidade, no gosto, nas relações raciais, nos comportamentos privados, nas manifestações públicas etc. A escravidão foi o principal motor da nossa identidade.

O senso comum, manifestado em muitos livros didáticos, apresenta o escravo negro apenas como um animal de tração e operário da enxada. No entanto, a mineração de ferro no Brasil foi ensinada pelos africanos, assim como a criação de gado e o principal da culinária. Vieram da África donas de casa, amas de leite, artífices em ferro, comerciantes de panos e sabão, além de uma infinidade de ocupações e ofícios.

Se o professor reler os casos que apresentei no capítulo 1, verá a gestação da nossa psicologia social: um sentimento rígido de hierarquia, uma impiedade *natural* nas relações de trabalho, uma promiscuidade (aqui sem significado moral) entre senhores e escravos – o que levou à crença de sermos uma *democracia racial*. Na verdade, essa democracia racial é um desejo que compõe, ele próprio, a nossa identidade. Não durante a escravidão. Enquanto ela durou, não havia dúvida sobre o papel dos escravos (negros e índios) – trabalhar, trabalhar e trabalhar – e o papel dos senhores (brancos, mestiços ou negros) – mandar, mandar e mandar.

A circunstância dos escravos serem quase sempre índios e negros acabou por confundir "raça" e classe (note que raça sempre deve ser escrita com aspas. No caso da humanidade, raça é a própria espécie). O primeiro estudioso a separar negro e índio da condição de escravo foi Gilberto Freyre, em seu livro *Casa grande & senzala*:

> *[...] Mas logo de início uma discriminação se impõe: entre a influência pura do negro (que nos é quase impossível isolar) e a do negro na condição de escravo [...] Se há hábito que faça o monge é o de escravo; e o africano foi muitas vezes obrigado a despir sua camisola de malê [muçulmano] para vir de tanga, nos negreiros imundos, da África para o Brasil. Para de tanga ou calça de estopa tornar-se carregador de "tigre" [tonel de cocô]. A escravidão desenraíza o negro do seu meio social e de família, situado entre gente estranha e muitas vezes hostil. Diante de tal ambiente, no contato de forças tão dissolventes, seria absurdo esperar do escravo outro comportamento senão o imoral, de que tantos o acusam. [...] É absurdo responsabilizar o negro pelo que não foi obra sua nem do índio mas do sistema social e econômico em que funcionaram passiva e mecanicamente [sic]. Não há escravidão sem depravação sexual. É da essência mesma do regime. Em primeiro lugar, o próprio interesse econômico favorece a depravação, criando no proprietário de homens imoderado desejo de possuir o maior número possível de*

crias. Joaquim Nabuco colheu num manifesto escravocrata de fazendeiros as seguintes palavras, tão ricas de significação: "a parte mais produtiva da propriedade escrava é o ventre gerador".[15]

É também de Freyre esta blague:

O português sifilizou o Brasil, o escravo negro o civilizou. Costuma dizer-se que a civilização e a sifilização andam juntas: o Brasil, entretanto, parece ter se sifilizado antes de se haver civilizado. Os primeiros europeus aqui chegados desapareceram na massa indígena quase sem deixar sobre ela outro traço europeizante além das manchas de mestiçagem e de sífilis. Não civilizaram: há, entretanto, indícios de terem sifilizado a população aborígene que os absorveu.[16]

Outro traço da nossa escravidão foi o sadismo das relações pessoais. Desvios sexuais – sadismo, masoquismo, fetichismo, bestialidade e outros – são fenômenos universais. Eles se ampliam, contudo, nos sistemas em que uns têm poder de vida e morte sobre outros.

Através da submissão do moleque, seu companheiro de brinquedos e expressivamente chamado leva-pancadas, iniciou-se muitas vezes o menino branco no amor físico [...] Quase que do moleque leva-pancadas se pode dizer que desempenhou entre as grandes famílias escravocratas do Brasil as mesma funções de paciente do senhor moço que na organização patrícia do Império Romano o escravo púbere escolhido para companheiro do menino aristocrata: espécie de vítima, ao mesmo tempo

---

[15] FREYRE, 1963, p. 113.
[16] Idem, p. 110-111.

> que camarada de brinquedos [...] Transformava-se o sadismo do menino e do adolescente no gosto de mandar dar surra, de mandar arrancar dente de negro ladrão de cana, de mandar brigar na sua presença capoeiras, galos e canários – tantas vezes manifestado pelo senhor de engenho quando homem feito; no gosto violento ou perverso que explodia nele ou no filho bacharel quando no exercício de posição elevada, política ou de administração pública; ou no simples gosto de mando, característico de todo brasileiro nascido ou criado em casa-grande de engenho.[17]

A sexualidade sob a escravidão

Por moralismo, a sexualidade sob a escravidão é escondida em nossos livros didáticos, calada em salas de aula. Sem ela, porém, não se compreende o funcionamento profundo de uma sociedade. Apresento, a seguir, alguns casos da sexualidade sob a escravidão.

> Nas visitações do Santo Ofício, órgão da Inquisição, que se faziam esporadicamente, se acham amostras dos "desvios sexuais" sob a escravidão – os inquiridores não se interessavam pelo que fosse "normal". Por exemplo, o cônego Jácome de Queiroz, mameluco, natural da capitania do Espírito Santo, 46 anos, confessou que certa noite "levou à sua casa uma moça mameluca que então teria 6 ou 7 anos, que andava de noite vendendo peixe pela rua, escrava cativa de Ana Carneira, mulher do mundo [...] depois do jantar e encher-se de vinho, cuidando que corrompia a dita moça pelo vaso natural, a penetrou pelo vaso traseiro e nele teve

---
[17] Ibidem, p. 113.

penetração sem polução, e tanto que sentiu que era pelo traseiro, se afastou e tirou dela e isto lhe aconteceu uma vez, por seu desatento [...] Haverá 7 ou 8 anos "querendo corromper uma moça por nome Esperança, sua escrava, de idade de 7 anos pouco mais ou menos no dito tempo, cuidando que a corrompia pelo vaso natural, a penetrou também pelo traseiro [...] e a dita escrava depois ele vendeu a Marçal Roiz e está ora casada.[18]

Aos olhos de hoje, o "pecado" de Jácome de Queiroz teria sido a pedofilia, não a sodomia; aos olhos daquela época, foi a sodomia, não a pedofilia (termo, aliás, então inexistente). O que a Inquisição queria punir eram os homossexuais – jibandas para os africanos, tibiras para os índios.

Não era assim na África, onde os homossexuais e os travestis eram geralmente aceitos pelo grupo. Jibandas se vestiam de mulher, achando um lugar de prestígio como feiticeiros, como se a homossexualidade os vocacionasse para tal. A homossexualidade era igualmente comum entre os índios, não lhes causando estranheza – a não ser aos jesuítas, que tentavam curá-los do "mal". Também ficaria famosa a intensa vida sexual das mulheres idosas tupinambás, em contraste com as europeias, que encerravam a vida sexual por volta dos trinta anos – porque casavam por volta dos catorze, com homens sempre mais velhos, enviuvando cedo ou tornando-se logo obesas e cheias de filhos.

A colônia escravista brasileira parecia, nesses aspectos, favorável às manifestações sexuais mais livres – visto, como lembrei, com olhos de hoje. O europeu logo acreditaria: "Não existe pecado do lado de baixo do Equador". Inquisidores e autoridades pareciam,

---

[18] MOTT, 1993, p. 42, nota 5. Outras amostras da sexualidade sob a escravidão se encontram nas páginas. 26, 29, 30 e 126.

em matéria de costumes, "enxugar gelo": quanto mais caçavam desviantes, mais eles pululavam, em grande parte pela razão de a submissão social se fundir com a sexual – afinal eram homens, mulheres e crianças negras cujos corpos pertenciam a homens brancos. Quase nunca o corpo de homens negros pertencia a mulheres brancas, embora a crônica e as lendas orais também registrem casos dessa natureza.

Em 1593, certo Domingos Pires, de Pernambuco, se defendeu da Inquisição confessando que "dormir carnalmente com uma negra ou com mulher solteira não lhe parecia pecado moral". Outro, no mesmo processo, alegou em sua defesa que "podia dormir carnalmente com qualquer índia e não pecava nisso, bastando dar-lhe uma camisa ou qualquer coisa…"

Para saber mais sobre o conteúdo deste capítulo

ALMEIDA, Ângela Mendes de. *Pensando a família no Brasil*. Rio de Janeiro: Espaço e Tempo/UFRJ, 1987.

CASTRO, Yeda Pessoa de. *Falares africanos na Bahia (um vocabulário afro-brasileiro)*. Rio de Janeiro: ABL-Topbooks, 2001.

CHAUÍ, Marilena. *Convite à filosofia*. São Paulo: Ática, 2000.

COSTA E SILVA, Alberto da. *A manilha e o libambo: a África e a escravidão, de 1500 a 1700*. Rio de Janeiro: Nova Fronteira, 2002.

_____. *Das mãos do oleiro*. Rio de Janeiro: Nova Fronteira, 2005.

_____. *O vício da África e outros vícios*. 2ª ed. Lisboa: Edições João Sá da Costa, 1996.

CUNHA, Manuela Carneiro da. *Antropologia do Brasil*. São Paulo: Brasiliense, 1986.

FREYRE, Gilberto. *Casa grande & senzala*. Distrito Federal: Universidade de Brasília, 1963.

_____. *Os índios e a civilização*. Rio de Janeiro: Civilização Brasileira, 1970.

_____. *Problemas brasileiros de antropologia*. Rio de Janeiro: INL, 1973.

IANNI, Octavio. *Raça e classe no Brasil*. Rio de Janeiro: Civilização Brasileira, 1966.

LEÃO, Emmanuel Carneiro. *Aprendendo a pensar*. 3ª ed. Petrópolis: Vozes, 1991.

LÉVI-STRAUSS, Claude. *Raça e história*, 2ª ed. Lisboa: Editorial Presença, 2000.

LOPES, Nei. *Dicionário banto do Brasil*. Rio de Janeiro: Centro Cultural Municipal José Bonifácio, s/d.

_____. *Dicionário da antiguidade africana*. Rio de Janeiro: Civilização Brasileira, 2011.

MEILLASSOUX, Claude. *Antropologia da escravidão: o ventre de ferro e dinheiro*. Rio de Janeiro: Jorge Zahar, 1995.

MOSSÉ, Claude. *O processo de Sócrates*. Rio de Janeiro: Jorge Zahar, 1987.

MOTT, Luiz. *Escravidão, homossexualidade e demonologia*. São Paulo: Ícone, 1988.

_____. *Os pecados da família na Bahia de Todos os Santos (1813)*. Salvador: UFBA, 1982.

_____. *Rosa Egipcíaca: uma santa africana no Brasil*. Rio de Janeiro: Bertrand, 1993.

NASCIMENTO, Elisa Larkin (org.). *A matriz africana do mundo*. Revista *Sankofa*. Rio de Janeiro: Selo Negro, 2008.

RIBEIRO, Darcy. *O processo civilizatório*. Rio de Janeiro: Civilização Brasileira, 1975.

SANTOS, Joel Rufino dos. *Épuras do social. Como podem os intelectuais trabalhar para os pobres*. São Paulo: Global, 2004.

SODRÉ, Muniz. *A verdade seduzida*. Rio de Janeiro: Codecri, 1983.

VAINFAS, Ronaldo. *Ideologia e escravidão: os letrados e a sociedade escravista no Brasil colonial*. Petrópolis: Vozes, 1986.

Capítulo 3

A escravidão foi uma globalização

O termo globalização é um dos mais usados atualmente. Significa a existência de uma economia mundial – produção, comércio, empresas e bancos que ultrapassam fronteiras, mares, estados e nações. Uma economia-mundo que, paradoxalmente, aceita o livre trânsito do capital, mas não o da mão de obra.

Já mundialização significa a troca de cultura entre os povos, decorrente da globalização dos negócios. O *rock*, a música *pop*, o futebol, os livros *best-sellers*, o *fast food*, a moda, a internet – em uma palavra, a cultura de massa – são exemplos de mundialização, quase sempre uma exportação de valores e costumes ocidentais, raramente o contrário.

Esses não são, porém, fenômenos novos. A colonização grega do mar Mediterrâneo, o imperialismo romano, a expansão árabe-muçulmana pela Europa e a África foram embriões, por assim dizer, da globalização e da mundialização. Nada comparável, no entanto, àquelas inauguradas pelas Grandes Navegações do final do século XV, com os portugueses e espanhóis à frente. Descobriram-se novas técnicas para navegar, mais velozes e seguras; novos meios de matar, com armas de fogo; um novo meio de se locomover em terra, com o cavalo; uma nova maneira de atrelar o cavalo ao arado, liberando sua potência para preparar a terra para o plantio; a carroça e a carruagem deram aos europeus, naquela ocasião, os meios de colonizar dois novos continentes, a América e a África. Colonizar significa incorporar, de cima para baixo, novos territórios à rede de produção e comércio.

Cada um dos novos continentes foi levado a trocar com a Europa o que tinha: a América, produtos agrícolas e minerais; a África, basicamente seres humanos. A Ásia, fornecedora de especiarias como cravo, pimenta, âmbar, sândalo, canela, gengibre e marfim, perdeu parte do interesse: a economia colonial trocou o acanhado Mediterrâneo pelo largo oceano Atlântico.

Essa globalização atlântica moderna foi, talvez, o processo mais violento da história, deixando para trás as conquistas persas, as de Alexandre (356-326 a.C), César (101-44 a.C), Gêngis Khan (1160-1227), Napoleão (1769-1821), Sundiata Keita (1217-1255), as Cruzadas, a expansão muçulmana, os impérios africanos e indígenas. Nos dois primeiros séculos dessa epopeia (XV e XVI), o agente econômico quase não se diferenciava do agente militar, o comerciante do pirata, o colono do conquistador, o empresário do aventureiro. Muitas vezes, o primeiro a chegar era o padre, com a cruz e a missa. Nesse começo, os europeus tinham a Bíblia; os nativos, a terra. No final, os nativos tinham a Bíblia; os europeus, a terra (segundo um axioma cunhado para explicar esse período). Um testemunho comovente dessa indistinção entre aventureiros, religiosos e militares é a carta do escrivão Pero Vaz Caminha, da esquadra de Cabral:

O Capitão [Pedro Álvares Cabral], quando eles [os índios] vieram, [à nau portuguesa] estava sentado em uma cadeira, bem vestido com um colar de ouro mui grande ao pescoço, e aos pés uma alcatifa [tapete] por estrado. Sancho de Tovar, Simão de Miranda, Nicolau Coelho, Aires Correia, e nós outros que aqui na nau com eles vamos, sentados no chão, pela alcatifa. Acenderam-se tochas. Entraram [os índios]. Mas não fizeram de cortesia, nem de falar ao Capitão nem a ninguém. Porém, um deles pôs olho no colar do Capitão e começou de acenar com a mão para a terra e depois para o

colar, como nos dizendo que ali havia ouro. Também olhou para um castiçal de prata e assim mesmo acenava para a terra e novamente para o castiçal, como se lá também houvesse prata. [...] Viu um deles umas contas de rosário brancas; acenou que lhas dessem, folgou muito com elas e lançou-as ao pescoço. Depois, tirou-as e enrolou-as no braço e acenava para a terra e de novo para as contas e para o colar do Capitão, como dizendo que dariam ouro por aquilo.
Isto tomávamos nós assim por assim o desejarmos. Mas se ele queria dizer que levaria as contas mais o colar, isso não o queríamos nós entender, porque não lho havíamos de dar.[19]

A "descoberta" do Atlântico foi um desses acontecimentos que viraram o mundo de cabeça para baixo. O Mediterrâneo, o Índico, o Negro, o Vermelho, o Báltico, o golfo Pérsico, o mar do Norte – que não se sabia, na época, fazer parte de um oceano, imenso, aberto – eram mares fechados, entre terras. Os europeus só saíam para mar aberto quando pescavam bacalhau ou viajavam à Islândia. O Atlântico, mar--oceano, era para eles tão mítico quanto é hoje o espaço sideral.

O problema que primeiro se apresentou aos promotores dessa globalização atlântica moderna foi o desafio de incorporar às suas economias a América e a África. Em outros termos: como lucrar com a América e a África? O saque das florestas e dos objetos de ouro, que primeiro lhes ocorreu, era trabalhoso e, o lucro, insatisfatório. Já havia, pelo menos, um ensaio de empresa lucrativa da cana-de-açúcar nas ilhas portuguesas do Atlântico, próximas da costa, que serviu de modelo para o Brasil. Em menos de

---

[19] CAMINHA, 2002, p. 38-39.

cinquenta anos a zona da mata nordestina se cobriria de canaviais e engenhos. Foi a primeira parte da solução: açúcar para a Europa. Mas faltavam solucionar outros problemas. O do trabalho: quem produziria o açúcar? O do comércio: quem o distribuiria? O do beneficiamento: quem o refinaria? O do investimento: quem o financiaria?

Na história econômica é comum os problemas aparecerem junto com a sua solução. O comércio levantava os recursos para montar empresas açucareiras no Brasil. Essa produção estimulada e comandada pelo comércio se chamou capitalismo mercantil, que era um duplo comércio, ou, se preferirmos, um comércio de duas pontas: o de açúcar refinado e o de mão de obra. Este último em primeiro lugar, já que havia um comércio antigo de compra e venda de trabalhadores escravos, feito por comerciantes árabes. Esse comércio escravista serviu de modelo para a colonização da América. Os lucros do duplo comércio financiaram a colonização. Assim se deu a origem e a natureza da escravidão moderna, da qual a brasileira foi, em suma, um subsistema.

O subsistema colonial tinha peças ajustadas e azeitadas internamente: trabalho escravo, monocultura, depredação da natureza, homens livres excluídos da produção – que, por sua vez, se ajustava externamente ao sistema capitalista da Europa ocidental. Como subsistema, tinha autonomia relativa, mas repercutia qualquer mudança do sistema global. Por exemplo, o surgimento de concorrentes dos seus produtos, em outras colônias, levava áreas inteiras à decadência, assim como o fim do tráfico negreiro, na metade do século XIX, obrigou o subsistema a se adaptar ao preço crescente do escravo até que ele se mostrasse inviável. Naturalmente, esta não foi a única razão da morte da escravidão.

Para saber mais sobre o conteúdo deste capítulo

CAMINHA, Pero Vaz de. *Carta de Caminha: a notícia do achamento do Brasil.* Rio de Janeiro: Expressão e Cultura, 2002.

Capítulo 4

A escravidão como capítulo da história do trabalho

A escravidão foi um capítulo da história mundial do trabalho – o que muitas vezes é esquecido. A ideia que o senso comum tem dela é de um fenômeno único e excepcional, uma anomalia. Essa ideia vem, provavelmente, da vergonha que temos da escravidão: onde quer que ela tenha existido, os descendentes de escravos se sentem humilhados ao estudá-la; já os descendentes dos senhores de escravos, culpados. "Um escravo é *aquele que preferiu viver*", escreveu Hegel em algum lugar. Professores nos relatam que, ao falar da escravidão, seus alunos negros só faltam se esconder embaixo das cadeiras. E, ainda hoje, nos países da África que sofreram ou participaram do tráfico de trabalhadores pode ser inconveniente, causar vergonha ou constrangimento tocar no assunto.

No entanto, a exploração impiedosa do trabalho pelo capital, ou por guerreiros e donos de terras, reis e imperadores, se confunde com a própria história da nossa espécie. Há quem julgue a vocação de escravizar humanos uma herança da domesticação de animais, como se fazia com cães e carneiros na infância da história – mas pode ter sido o contrário. Apenas na pré-história da humanidade não teria ocorrido a escravidão, mesmo havendo diferenças entre o trabalho de homens, mulheres, crianças, velhos e parentes. Tão logo, porém, os grupos humanos foram capazes de produzir bens – isto é, quantidades além das que necessitavam para sobreviver –, veio um grupo e se apropriou deles, ocasionando as divisões sociais. Quando a agricultura e a pecuária passaram a ser sistematicamente praticadas pelos grupos humanos, entre cinco e sete mil anos atrás, estes saíram da coleta vegetal e da caça. Com isso, os excedentes foram se tornando regulares – como no Egito antigo, na Pérsia, em Gana, no Industão, na África ou na América pré-colombiana. É quando surgem, primeiro, os miniestados, depois os grandes – para fazer todos trabalharem ordeiramente; e os reis – para simbolizar a ordem social na qual uns trabalham em benefício de outros. Em decorrência disso, em muitas dessas sociedades antigas surgiram camadas de senhores e escravos, como as de Roma e da Grécia, os casos que mais conhecemos.

No Império Romano, como se sabe, os trabalhadores se agrupavam em duas grandes corporações: os *sodalitia*, que juntavam patrões, empregados e escravos da agricultura, dos serviços domésticos e dos públicos; e os *collegia*, que reuniam trabalhadores por profissão para trabalhos urbanos, onde um escravo só entrava excepcionalmente.

A escravidão na África

Não devemos, e não precisamos, idealizar a África como o continente em que os homens viviam felizes antes de chegarem os algozes estrangeiros. Lá, antes da chegada dos europeus, e mesmo depois, se desenvolveram diversas modalidades de escravidão. Eram diferentes das que tivemos aqui, mas serviriam de justificativas morais aos traficantes e senhores; como, aliás, a pessoas desinformadas ainda hoje: se já havia escravidão na África, argumentam, não podemos condenar os escravizadores europeus e brasileiros. Estes, na verdade, os livraram de sorte pior.

Há dois equívocos aí. Como já dissemos, não se estuda história para julgar, mas para compreender; e, além disso, as formas de escravidão africanas e a colonial brasileira eram de naturezas distintas. Hans Staden, o holandês escravizado pelos tupinambás de

Ubatuba que o diga: foi cevado, teve mulher e consideração até que, ao se aproximar da execução, começou a chorar, se automenosprezando e, dessa forma, escapando à sorte dos cativos numa sociedade que não produzia excedentes – nem valorizava quem não demonstrasse coragem diante dos inimigos. Acabou trocado por um resgate.

Não havia na África, um continente enorme, de custosa comunicação entre os grupos, um padrão único de tratar escravos (na maioria prisioneiros de guerra, mas também por punição de furto, sacrilégio, assassinato e feitiçaria). Eles eram usados como vítima sacrificial, dádiva, moeda, bem de capital, ostentação, mão armada, força de trabalho, reprodutores etc. Em algumas partes eram tratados quase como membros da família, comendo na mesma gamela que o dono; em outras, vestidos de trapos, comiam restos atirados ao chão, trabalhando de sol a sol e levando pancadas e açoites. O cenário melhor para um escravo africano era o doméstico; lá não estava livre do trabalho penoso, das tarefas mais humilhantes, mas tinha alguma chance de se inserir no grupo de seus donos pelo casamento, pela competência militar ou mesmo gerencial. O pior era o escravo das minas de sal-gema do Saara, das minas de ouro e de cobre; nessas, com sorte, um trabalhador escravo conseguiria sobreviver cinco anos; ou nas lavouras de milharete, sorgo e outras. Em nenhum caso se pode dizer que essas formas de escravidão fossem benignas, como querem às vezes os idealizadores da África.

A escravidão africana, antes e depois da chegada de árabes e europeus, seria uma simples informação a mais, se não sofresse uma distorção ideológica. Há quem absolva os europeus do horror do tráfico atlântico argumentando que os africanos já o praticavam muito antes. É uma meia verdade. A escravidão foi universal – e remanescente em alguns lugares do mundo no começo do século XXI. Todos os povos conhecidos a praticaram, não foi invenção europeia – até aí é verdade. No entanto, a escravidão moderna nas Américas (isto é, coincidente com a era moderna do século XV ao XIX), foi uma ampliação formidável da escravidão, o que provocou uma exacerbação da violência e crueldade intrínseca a esse modo de produção, o desterro de milhões de pessoas, a tortura permanente e, no caso do ameríndio, o genocídio.

Na África, os escravos constituíam uma parcela minoritária das comunidades – só nos estados centralizados e impérios a população escrava atingiria a casa dos milhares. Na América, os escravos constituíam a maioria da população, como no Brasil dos séculos XVIII e XIX. Muitos estereótipos sobre o negro e o escravo – essas identidades coincidentes, superpostas – nasceram na África antes de se consolidar no Brasil, como: todo escravo é feio, sujo, preguiçoso, desleal, estúpido, covarde. Por essa época, a guerra para prear gente na África se tornou um modo de produção.

Centenas de anos antes da *descoberta* do Brasil se desenvolvera um comércio de negros para a Europa, assim como de gregos, eslavos, ibéricos, gauleses, germanos e outros. Moças africanas eram preadas como corças, ou vendidas por seus próprios parentes para haréns, turcos, italianos, persas; rapazes eram encomendados para se tornarem eunucos.

Com a formação do império árabe, a partir do século VIII, o que era comércio de luxo passou a ser de massa. Pelo menos uma caravana árabe a cada ano atravessava o Deserto do Saara para comprar milhares de cativos – que se ocupariam de obras públicas na Mesopotâmia ou seriam empregados na cana-de-açúcar. Assim, foram se formando sistematicamente mercados de escravos no Sael (ou *sahil,* em árabe, que quer dizer costa, fronteira, e designa uma faixa fértil entre o Saara e o centro da África quase sem interrupção, percorrendo o continente do Atlântico, a oeste, ao mar Vermelho, a leste, abarcando, hoje, Senegal, Mauritânia, Mali, Burkina-Faso, norte da Nigéria, Chade, Sudão, Etiópia, Eritreia, Djibuti e Somália). Inúmeros povos africanos passaram a viver daquele comércio, que se tornou um verdadeiro modo de produção.

O capítulo seguinte da história do trabalho no ocidente será o da servidão feudal, resultante de duas formas combinadas de trabalho, a bárbara germânica e a escravista romana. Essa servidão feudal durou mais de mil anos, transformando-se, mais ou menos na metade do século XVIII, em duas modalidades aparentemente distintas e no fundo combinadas: o trabalho livre assalariado, na Europa ocidental; e o trabalho escravo, nas Américas.

Só que, na Idade Moderna, o trabalho escravo ressurgia numa amplitude nunca vista, e logo se tornaria, no Novo Mundo, a forma predominante de se produzir riqueza. O trabalhador escravo passou de minoria a maioria. Em todas as sociedades históricas houve exploração e miséria, mas a era moderna enriqueceu o continente que entrava com o capital e empobreceu aquele que entrava com o trabalho. O tráfico negreiro despovoou a África – sobretudo de homens jovens que lá produziam riqueza. Não se compravam velhos ou crianças (a não ser eventualmente), mas rapazes adolescentes (uma expressão, aliás, inexistente na época) e mulheres fortes, em idade de procriar. Muitos povos se refugiaram em locais de difícil acesso, cortando relações com outros e perdendo assim o convívio que estimula o progresso material e a complexidade cultural. Já outros se lançaram sobre os demais, a fim de transformar prisioneiros em mercadoria. No final da empreitada, se viram tão pobres quanto suas vítimas, já que os lucros do tráfico se acumularam fora, na Europa, e, secundariamente, na América.

Para saber mais sobre o conteúdo deste capítulo

COSTA E SILVA, Alberto da. *A enxada e a lança. A África antes dos portugueses*. Rio de Janeiro: Nova Fronteira; São Paulo: EDUSP, 1992.

_____. *A manilha e o libambo: a África e a escravidão, de 1500 a 1700*. Rio de Janeiro: Nova Fronteira/Fundação Biblioteca Nacional, 2002.

MUSEU Afro-Brasileiro da Bahia, Universidade Federal da Bahia. Disponível em: www.mafro.ceao.ufba.br

MUSEU Afro-Brasileiro de São Paulo, Parque do Ibirapuera. Disponível em: www.museuafrobrasil.org.br

OLIVEIRA, Carlos Roberto de. *História do trabalho*. São Paulo: Ática, 1997.

Capítulo 5

Como era o tráfico negreiro

Muitos escravos africanos alforriados, ou expulsos, retornaram à África. Geralmente expulsos por rebeldia e/ou conspiração, enquanto um bom número retornou por sua conta, pagando passagem do próprio bolso. Vejamos algumas cartas de um retornado, José Francisco dos Santos, a seu sócio na Bahia:

"Carrego [envio] 10 fardos, 5 homens e 5 mulheres com a marca L no peito direito. Não pude arranjar melhores por causa da grande falta de bons. [...] embarco um barril com 11 paos [escravos], sendo 7 grandes e 4 pequenos, o maior para minha mãe e os 10 venderá e o que produzir me remeterá em misanga de moça, azul clara (3 de março 1846) [...] desejaria saber se pode comprar a casa onde mora minha mãe. [...] veja se pode arranjar com que os negros que tem minha mãe ganhem alguma cousa porque não acho bem que fique 4 negros vadios comendo sem ter interesse algum e aquele que proceder mal pode vender e me avisar. [...] minha mãe peço a Vmce de não vir para a Costa [da África] conforme o seu desejo porque Vmce não faz ideia o que são essas terras muito doentias e além disso as revoluções dos pretos, como Jacinto mesmo dirá melhor a Vmce de tudo mas ele vai entendido para conversar com Vmce. Sem mais deite me a sua benção (31 de janeiro 1863)." [20]

Pois bem. Muitos retornados se tornaram comerciantes de escravos ou de negócios relacionados a ele, como o óleo de dendê, usado na alimentação e no "embelezamento" de *peças* compradas. *Peça da*

[20] FREYRE, 1973, p. 301.

Índia, peça do Brasil (ou simplesmente *peça*) era uma medida monetária corrente no tráfico. Uma peça equivalia a um rapaz entre quinze e vinte e cinco anos de idade, alto, atlético, mas podia ser um escravo e meio, ou dois, dependendo da idade, da estatura, da musculatura.

Outros retornados se fizeram donos de terras, representantes de empresas e bancos brasileiros; enfrentando dificuldades de adaptação, já sem parentes na terra, muitos se arrependiam do retorno à África, manifestando saudade do Brasil. De todo jeito, levaram para lá alguns de nossos costumes, folguedos, comidas, arquitetura, decoração, imagens etc.

Caso exemplar é o da burrinha brincada em Porto Novo, Uidá e Cotonu, com grandes colônias de "brasileiros", como são chamados os descendentes de retornados.

> *Falando de seus pais, a sra. Amégan, née [nascida] Campos, observa por sua vez que naquela época todos os domingos, quando saíam da missa, os "brasileiros" visitavam-se uns aos outros. Eles iam ver se tal pessoa estava melhor, se não a viam na missa, eles iam na casa dela para saber o que se passava. Eles se visitavam, frequentavam uns aos outros. Mas hoje em dia não há mais tempo. Cada qual corre para conseguir o que comer. A exceção é essa história de bourian, que nos une ainda.*[21]

A burrinha (ou *bourian*, no texto acima) é um folguedo nordestino – que no Brasil foi assimilado ao Bumba-Meu-Boi – levado pelos retornados.

As histórias pessoais dos retornados são para nós, distantes dois séculos ou mais, curiosas. Muitas são incompreensíveis, deixam um travo

---
[21] GURAN, 2000, p. 156.

de decepção e tristeza. *Ancho y ajeno es el mundo* ("Grande e estranho é o mundo") é o título do clássico romance do escritor peruano Ciro Alegría sobre a estranheza do mundo.[22]

Um exemplo de retornado à África é o caso de João de Oliveira, que chegou menino ao Brasil, acorrentado no porão de um negreiro. Em 1733, adulto, voltou ao Benin. Era ainda escravo, pois de lá mandou ao seu proprietário a quantia de sua alforria. Certamente era escravo de total confiança deste, enviado para iniciar um negócio de comércio de escravos. A mercadoria virara sócio do mercador. Quando o amo faleceu, João de Oliveira assumiu, a distância, o sustento da sua família na Bahia. Prosperou muito quando passou a exportar escravos pelo Porto Novo, além de outros embarcadouros. Tinha prestígio de grande e honesto homem naquela Costa dos Escravos, tanto com os pombeiros (ou pumbeiros) do interior, que lhes traziam cativos, quanto com os capitães de navio portugueses e brasileiros. E tinha sua milícia armada, para lutar contra assaltantes e chefes locais. Ou seja, era um *self made man,* um talentoso empreendedor, diríamos hoje.

Quem era o mercador de escravos

O senso comum (diferente do crítico, que o professor deve estimular) vê o tráfico negreiro como ambição ou maldade dos europeus. Não parece razoável que povos cristãos, que se consideravam civilizados, fossem capazes de tanta ambição e indiferença ao sofrimento sistemático de seus semelhantes. Ocorre que o tráfico negreiro, a dominação romana, o colonialismo, o genocídio de índios na América, as grandes

[22] ALEGRÍA, 1981.

guerras, o holocausto dos judeus, as duas bombas atômicas jogadas no Japão e tantas outras crueldades, que preenchem, sem cessar, a história da humanidade, se explicam melhor quando tomados como fatos históricos, e não morais – embora, em certo aspecto, também o sejam.

Até cerca de 1850, traficar com escravos era uma profissão lícita e respeitável, não se infringia qualquer lei ou se incorria em qualquer rejeição. Quem tivesse alguma poupança, rico, pobre ou remediado, investia nesse negócio. Era comum que pobres brancos – uma viúva, um rapaz sem posses, por exemplo – e negros empreendedores, tão logo alforriados, ou retornados à África, ou ainda mesmo na situação de escravos, tivessem um, dois ou três cativos. O costume brasileiro permitia a um escravo ter outro escravo, nesse caso chamado de escravo vicário. Há um lado brutal e decepcionante nesses comportamentos – o da luta pela vida. Para compreendermos, porém, a escravidão – e não julgá-la – devemos captá-la no seu conjunto e nos seus detalhes. É o que chamei, no primeiro capítulo do livro, de *fazer* uma ideia da escravidão.

O tráfico negreiro surgiu, no início do século XV, da necessidade de gerar riqueza nas Américas. Onde comprar trabalho que é, também, mercadoria, para colonizar a América (ou seja, gerar riqueza)? A Europa vinha passando por um aumento de população desde o século XIV, mas insuficiente para um grande empreendimento. A primeira ideia foi utilizar os trabalhadores nativos que Cristóvão Colombo, impropriamente, chamara de índios.

Os nativos do Novo Mundo, no entanto, não dariam os lucros que o negócio como um todo necessitava. Como o índio era apresado no local pelo colono europeu, não interessava aos financiadores da produção. Não dava o lucro suficiente para investir em plantio, transporte e refino (no caso do açúcar), beneficiamento, transporte e distribuição de *commodities* (como se diz hoje), como fumo, algodão ou café. O índio não era investimento, pois conhecia bem a terra e poderia desaparecer no sertão (aliás, uma corruptela de "desertão"). Assim, ele foi aproveitado no que deu: para embarcar madeira em navios em troca de camisas, chapéus, facas, coisas do gênero. Usando as ferramentas que os europeus lhes davam, cortavam, desbastavam, serravam, falqueavam e toravam pau-brasil. Depois, transportavam as toras nos ombros, em média quinze quilômetros (ou noventa léguas) por montanhas e terrenos acidentados até a praia, onde os navios ancorados esperavam a preciosa mercadoria.

Padre Anchieta (1534-1597) denunciou mais de uma vez portugueses que iam ao sertão e traziam índios iludidos de irem para a igreja. Para evitar que se arrependessem, destruíam suas roças antes de partir; chegando ao litoral repartiam-nos entre si, uns ficavam com as mulheres, outros com os homens e outros ainda com os filhos, para vendê-los. Em cento e trinta anos, foram escravizados mais de dois milhões de índios, dos quais cerca de cinquenta mil já tinham se convertido ao cristianismo. Em São Paulo, um de cada dez índios escravizados não chegava a ser aproveitado, morrendo antes de chegar às minas ou plantações de cana-de-açúcar – que, aliás, em São Paulo não progrediram. Certa vez, de duzentos mil índios apresados, sobraram apenas vinte mil.

Não há, portanto, qualquer cabimento na ideia de que os escravos brasileiros foram apenas os negros africanos. Os índios continuaram sendo escravizados mesmo depois da importação em massa de africanos – sendo estes os preferidos por serem mercadoria, comprados por um preço e vendidos por outro mais alto.

O tráfico África-Brasil

O tráfico de africanos para a América durou, aproximadamente, quatrocentos anos – os Estados Unidos o encerraram em 1820, equiparando a atividade à pirataria e punindo quem a praticasse com a pena de morte. A Grã-Bretanha, em 1824, decretou que a partir de 1835 qualquer pessoa envolvida no tráfico deveria "como prova de culpabilidade sofrer pena de morte como piratas, criminosos e ladrões" (depois, a pena foi abaixada para banimento). Também em 1824, o estado de Buenos Aires, na Argentina, equiparou-o à pirataria.

Em 1826, o Brasil daria o primeiro passo: assinou uma convenção com a Inglaterra estipulando que, no prazo de três anos, os traficantes estariam fora da lei. Em 1842, Portugal, Áustria, Prússia e Rússia fizeram o mesmo. A convenção com a Inglaterra permaneceu letra morta até que, em 1850, a Lei Eusébio de Queiroz oficializou a proibição do tráfico negreiro para o Brasil.

O tráfico nem sempre foi aquilo que se pensa: homens brancos tocaiados caçando africanos no meio da selva. Durante a maior parte do tempo, foi um negócio de mão dupla, organizado e sem violência explícita. "Ela [a escravidão] tem origem na presente, aviltante e desmoralizada condição das tribos africanas nativas", escreveu Grenfell, o capitão inglês que apresou vários negreiros.

> *"O aspecto proeminente da relação social em muitas partes é o de absoluta escravidão aos seus chefes. A permuta e a troca de escravos entre eles é tão comum quanto a de cachorros e cavalos na Europa. Já mencionei o caso de um chefe do interior que, em Quilimane, sem se importar com a exportação de escravos, ofereceu, na minha presença,*

quatro do seu séquito para o meu amigo Azevedo em troca de uma insignificante caixa de música de brinquedo. Pais, às vezes, trazem seus próprios filhos para vender.[23]

O maior dos mercadores

Um dos maiores, senão o maior dentre os comerciantes internacionais de escravos, era baiano, o magnata Francisco Félix de Souza (1754-1849), de codinome Chachá (ou Xaxá). Ele chegou à África com menos de vinte e cinco anos. Tantas "raças" estavam presentes nele que seus biógrafos optaram por dá-lo como mulato claro. Empregou-se como guarda-livros do forte português de São João Batista de Ajudá (talvez corruptela de *Deus me ajuda*), erguido na Costa da Mina para vigília e segurança de um escoadouro de escravos. Era ambicioso, não viera da Bahia para um emprego modesto; instalou em Badagri, extremo sul da atual Nigéria, um entreposto para comprar e vender gente. Próximo, ficavam dois outros grandes entrepostos de um ex-escravo do Brasil. Era comum ver Chachá viajando de um ponto a outro, levado em uma rede, transporte copiado do Brasil, com quatro escravos se revezando nas pontas de uma vara longa e resistente amarrada em rodilhas sobre as cabeças dos negros. Toda aquela área era insalubre: de cada dez estrangeiros, seis morriam no primeiro ano, dois entre o segundo e o sétimo (de disenteria, malária, doença-do-sono, verme-da-guiné, cegueira transmitida pela água dos rios, esquistossomose etc.).

Os retornados traziam, para recomeçar a vida, saquinhos de ouro em pó, rolos de tabaco, mantas de carne-seca e barris de cachaça. Chachá chegara com

[23] HILL, 2008, p. 16.

uma mão na frente e outra atrás, tendo sido preso por roubar cauris (búzios usados como moeda) dos santuários de divindades. Com pouco, acumulou um patrimônio de mercadorias utilizadas no comércio, como tecidos de algodão, de veludo, de damasco, lãs, sedas, tabaco, aguardentes, armas de fogo e pólvora, facas, manilhas, vasilhames de cobre e latão. Mais ou menos 40% dos escravos embarcados para o Brasil passavam por Ajudá.

O grande poder e fortuna de Chachá também lhe criaram inimigos. É possível mesmo que seu apelido tenha se originado numa interjeição que sempre acompanhava suas ordens: "Já; já!". O rei do Daomé acabou por lhe retirar o monopólio do comércio. Mas nada o abalava, nem mesmo a repressão inglesa aos negreiros: Chachá passou a operar com navios próprios e enviou várias embaixadas ao Brasil, tentando manter a exclusividade de fornecimento.

Prepotente, foi pessoalmente reclamar do rei de Daomé. Falou grosso, e o monarca considerou desrespeito, nenhum branco podia lhe falar assim: mandou metê-lo num tonel de índigo e, depois, na prisão. Quando o rei foi substituído, em decorrência de uma revolução interna, Chachá recobrou o monopólio do tráfico e também das terras. Admirado em toda a Costa dos Escravos, ganhou novos apelidos: Elefante ou Sapo. De volta aos seus domínios, construiu Singbomey, um casarão retangular branco cercado de palmas, com muitas janelas. Devido às construções em volta, ficaria conhecido até hoje como Quartier Brésil, ou Blésin, em língua fon. Em um dos lados de Singbomey, um muro alto cercava o depósito de escravos, distribuído em barracões. Lembrava os castelos medievais: fortaleza, residência, entreposto comercial, banco, hospedaria, oficina, cemitério, tudo compondo um único conjunto.

> *Quando o comércio [em Singbomey] se processava com vagar e calma, os capitães ou médicos de bordo punham de lado este, porque com aparência de mais de trinta e cinco anos, aquele, porque lhe faltava um dedo ou um artelho, aquele outro, porque coxo. Preferiam os homens às mulheres e os meninotes às crianças pequenas. Na pressa por completar a carga, podiam receber mais fêmeas do que desejavam e passar por alto pequenos defeitos. Mas sempre sobravam cativos sem comprador. Os menos infelizes se incorporavam à escravaria local; os demais endereçavam-se aos sacrifícios aos antepassados, eram abatidos ou, então, abandonados para que morressem à míngua.*
>
> *Untava-se com um pouco de azeite de dendê o ombro ou o peito dos que haviam sido adquiridos, a fim de que doesse menos a imposição da marca a ferro ardente, com as iniciais ou símbolo do comprador, da companhia comercial ou do veleiro. Depois eram eles levados em canoas para os navios. Ao atravessar as rebentações, algumas viravam e os escravos, amarrados, se afogavam. Na travessia do Atlântico, havia que calcular mais perdas, por doenças, má alimentação e suicídio.*
>
> *No navio, estivesse ainda junto à costa ou já em pleno oceano, corria-se o risco de uma sublevação dos escravos. Não faltavam casos em que estes justiçaram a tripulação, poupando às vezes um ou dois tripulantes, na esperança de que os pudesse conduzir à terra.*[24]

Quem quer que se aproxime dos horrores do tráfico se sente indignado com a sua crueldade. A história não se faz, porém, já dissemos em outro trecho, para condenar ou absolver, mas para compreender as

---
[24] COSTA E SILVA, 2004, p. 100.

ações humanas em outros tempos. Visitando, lá por 1950, um célebre embarcadouro de escravos, na ilha de Gorée, em frente a Dacar, no Senegal, o escritor James Baldwin estacou diante de uma estreita porta por onde embarcavam os cativos vindos do interior. A portinhola os levava aos botes que os conduziam até os navios ancorados a alguns quilômetros mar adentro. Quem passasse por aquela porta, informou o guia, jamais voltaria à sua terra. Com lágrimas nos olhos, Baldwin produziu uma reflexão que nos ajuda a compreender o negócio: "Os homens só se diferenciam pelo tamanho de sua maldade".

Crueldade, sob a forma de guerra, escravização, extermínio, massacre, banimento ou tortura faz parte da vida de todos os povos. O tráfico e a escravidão, por exemplo, por quase quatro séculos representou para índios e negros o inferno na Terra. Seus vendedores e seus amos não se sentiam, porém, culpados, imorais ou rejeitados. Justificavam-se, afirmando que salvavam os cativos de uma vida bárbara, sem lei e sem Cristo, oferecendo-lhes a chance de conhecer a verdadeira religião, hábitos e costumes dos povos "superiores". Quanto ao cativeiro – eufemismo sutil para escravidão – já o conheciam da África, onde eram prisioneiros de guerras bárbaras, condenados certamente à morte. Com tais justificativas, qualquer pessoa de bem, tão logo fizesse uma mínima poupança – como se diz hoje – a aplicava no tráfico, externo ou interno.

A Igreja também tinha seu plantel de escravos. Ao internar em conventos filhas desobedientes e esposas infiéis, senhores ricos mandavam como parte do enxoval um ou vários escravos. Boa parte desses escravos-dotes trabalhava nas ruas, vendendo doces e licores, com a obrigação de entregar no fim do dia ou da semana o lucro para a sua dona. Eram "escravos de ganho" e vistos em quase todas as cidades brasileiras.

A partir de 1850, mais ou menos, a sociedade começou a acordar para a violência implícita da escravidão. Acordara antes para a violência explícita, a tortura pública, a separação por venda dos filhos de trabalhadores, a impunidade dos assassinatos de escravos etc. É que, a essa altura, o modo de produção escravista começou a se mostrar incapaz de aumentar a renda nacional tanto nas regiões em declínio como na do cultivo da cana-de-açúcar (zona da mata nordestina), e também nas novas frentes agrícolas, como as plantações de café da região Sudeste. Também nas cidades, a renda começava a provir do setor privado, como estradas de ferro, fábricas de chapéus, de tecidos, de material de construção, cabotagem, seguros, bancos etc., e de pequenos negócios, alguns por iniciativa de pretos livres. Com as bases econômicas da escravidão minadas, corroídas por dentro, ela entrou no senso comum como sinônimo de violência social e atraso.

Para saber mais sobre o conteúdo deste capítulo

ALEGRÍA, Ciro. *Grande e estranho é o mundo*. São Paulo: Paz e Terra, 1981.

ALENCASTRO, Luiz Felipe de. *O trato dos viventes: formação do Brasil no Atlântico Sul*. São Paulo: Companhia das Letras, 2000.

ALMEIDA, Maria Regina Celestino de. *Metamorfoses indígenas. Identidade e cultura nas aldeias coloniais do Rio de Janeiro*. Rio de Janeiro: Arquivo Nacional, 2003.

CONRAD, Robert Edgar. *Tumbeiros, o tráfico de escravos para o Brasil*. São Paulo: Brasiliense, 1985.

COSTA E SILVA, Alberto da. *Francisco Félix de Souza, mercador de escravos*. Rio de Janeiro: Nova Fronteira/UERJ, 2004.

_____. *Um rio chamado Atlântico: a África no Brasil e o Brasil na África*. Rio de Janeiro: Nova Fronteira/UFRJ, 2003.

DIVERSOS autores. *O tráfico de escravos negros, séculos XV-XIX*. Lisboa: Edições 70/Unesco, 1979.

DOUGLASS, Frederik. *Relato de la vida de um esclavo americano*. Buenos Aires: Centro Editor de América Latina, 1978.

FREYRE, Gilberto. *Problemas brasileiros de antropologia*. 4ª ed. Rio de Janeiro: José Olympio/MEC, 1973.

GURAN, Milton. *Agudas: os "brasileiros" do Benim*. Rio de Janeiro: Nova Fronteira/Gama Filho, 2000.

HILL, Pascoe Grenfell. *Cinquenta dias a bordo de um navio negreiro*. Rio de Janeiro: José Olympio, 2008.

MEDINA, João; NEVES, Isabel Castro. *A rota dos escravos*. Angola: CEGIA, 1996.

RIBEIRO, Berta. *O índio na história do Brasil*. São Paulo: Global, 1983.

SALVADOR, José Gonçalves. *Os magnatas do tráfico negreiro*. São Paulo: Pioneira, 1981.

SANTOS, Joel Rufino dos. *Na rota dos tubarões, o tráfico negreiro e outras viagens*. Rio de Janeiro: Pallas, 2008.

Capítulo 6

Trabalhadores e desclassificados

Oficialmente, os índios foram escravos até 1757, mais de oito milhões em dois séculos e meio, enquanto os africanos, em três séculos e meio, foram aproximadamente doze milhões.

Mesmo os índios que serviam de guias e carregadores para bandeirantes e entradistas o faziam por imposição ou consentimento. Nas regiões Sul e Sudeste, por exemplo, o consentimento era obtido pelo *cunhadismo*: casando-se com uma índia, o bandeirante podia usufruir do trabalho dos irmãos da esposa, obrigados pela tradição nativa a prestar serviço ao marido da irmã. Como se vê, as moças índias não foram só as mães dos primeiros brasileiros, mas também objeto de uma estratégia dos colonizadores para explorar o trabalho gratuito da parentela.

No período de cento e trinta anos, os mamelucos (mestiços de brancos com índios) escravizaram mais de dois milhões de índios, inclusive aqueles convertidos ao cristianismo. Um em cada cem acabou por não servir, morrendo de fome e doença antes de chegar a São Paulo. Em que pese esse genocídio, herdamos deles o sangue, os genes e a língua tupi-guarani, dita língua-geral, falada pela maioria da nossa população até mais ou menos a metade do século XVIII.

Era um trabalho gratuito, cuja finalidade escapava à própria compreensão daqueles trabalhadores, que viviam em regime comunitário, organizados em aldeias e tribos desmontadas por colonizadores e jesuítas, ainda que o objetivo destes últimos fosse livrá-los do extermínio.

Um francês que conheceu os tupinambás no Rio de Janeiro reproduziu o discurso perplexo de um chefe (1538):

> *[...] vós outros, mairs [franceses] sois grandes loucos, pois atravessais o mar e sofreis grandes incômodos, como dizeis, quando aqui chegais, e trabalhais tanto para amontoar riquezas para vossos filhos ou para aqueles que vos sobrevivem! Não será a terra que vos nutriu suficiente para alimentá-los também? Temos pais, mães e filhos a quem amamos; mas estamos certos de que, depois de nossa morte, a terra que nos nutriu também os nutrirá, por isso descansamos sem maiores cuidados.*[25]

Na realidade, os índios continuariam como trabalhadores forçados até quando a maioria fosse exterminada. A diferença entre as duas escravidões é que o índio produzia riqueza, mas ele próprio não era uma mercadoria. O negro, ao contrário, começava por ser uma mercadoria – o que, logicamente, o tornava mais lucrativo do que o índio. Além disso, o negro africano dominava técnicas mais avançadas de produção: sabia minerar, cultivar a terra, criar gado, erguer prédios, fabricar objetos etc. Em suma, o escravo índio gerava renda, uma baixa renda; o escravo africano gerava lucro, alto lucro.

Muitos professores ainda hoje ensinam que o escravo no Brasil foi o negro, e não o índio, porque o segundo "tinha maior espírito de liberdade, não se sujeitava à escravidão" etc. Essa ideia é um preconceito como qualquer outro. A história da escravidão – de nativos, de "bárbaros", de hebreus, de eslavos (termo, aliás, que deu origem à humilhante palavra *escravo*) – sempre foi uma história de luta contra a

---
[25] RIBEIRO, 1983, p. 31.

escravidão. Onde ela ocorreu – das charqueadas gaúchas à selva amazônica – o trabalhador resistiu. O gasto dos senhores e do Estado com segurança, mais a baixa produtividade do trabalhador forçado, mais o seu preço crescente, acabariam ultrapassando o lucro médio do sistema. Com isso, os proprietários de escravos (donos de terras, exportadores de *commodities*) se dividiram: os mais avançados estavam dispostos a se livrar da escravidão; os mais atrasados, aferraram-se a ela (ver capítulo 7, p. 78). Um dia cairiam, juntas, a escravidão e a monarquia, seu regime político de sustentação.

A escravidão negra no Brasil

O primeiro traço da escravidão negra brasileira foi a sua universalidade. Um pouco menos na Amazônia e no extremo oeste, um pouco mais no extremo sul, absoluta nos litorais do Nordeste, Norte e Sudeste.

Um segundo traço é que, em razão dessa universalidade, foi o escravo africano quem colonizou o país, embora os senhores se atribuíssem o título com exclusividade – e a história oficial, ainda hoje, repete o equívoco. O grande território atual brasileiro é atribuído, oficialmente, às explorações dos bandeirantes, entradistas e grandes pecuaristas, porém, só foi assegurado onde a escravidão se instalou. Onde não havia fazendas escravagistas, nossas pendências de limites com os territórios vizinhos se arrastaram até o século XX.

Foi também a escravidão que exigiu uma língua franca, um sentimento nacional, uma homogeneidade "racial" de que hoje o país ainda se orgulha. Podemos perguntar à história se valeu a pena, mas ela não julga, apenas ajuda a compreender. E, se esse mérito não tiver, nos ensina – no sentido de nos colocar na pele daqueles homens, que a viveram como explorados ou exploradores, amos e escravos, nos tornando, talvez, mais humanos.

Dizer que *todo* trabalho era feito por escravos, negros e índios é uma simplificação. Quer dizer, apenas, que essa escravidão era a forma *predominante* de trabalho, aquela que subordinava e dava o tom a outras formas. Rico era quem tinha terras e escravos, ou a casa cheia deles – como os grandes fazendeiros, comerciantes e autoridades. O escravo negro estava por toda parte. Como anotou Alberto da Costa e Silva, podia-se vê-lo a recolher e deitar nas praias os dejetos das casas, a remar baleeiras, a carregar e descarregar navios etc.

A distância, a escravidão parecia um muro pesado, compacto. Vista de perto, se viam as fendas: o escravo de ganho, unicamente obrigado a "pagar" ao senhor certa quantia diária, semanal ou até mensal; o doméstico, precioso como as cozinheiras de alta qualidade; o artesão habilidoso; o guarda-livros de total confiança; o feitor experiente – profissionais que agregavam alto valor ao seu preço de mercado. Eram, por assim dizer, menos escravos que os outros. A servidão lhes era menos pesada, podiam dormir fora, manter os filhos, reivindicar benefícios e, eventualmente, apelar para a greve.

A renovação dos estudos históricos dos últimos anos tem se concentrado na exploração dessas fendas. É o caso da história de vida do liberto e sacerdote Domingos Sodré:

> *No jogo das crenças, os lances aconteciam nos dois sentidos. Domingos Sodré, como muitos outros africanos ladinos, escravos ou libertos, não professava apenas o candomblé. Era também católico. Com os brancos e outros ladinos e crioulos ele aprendera maneiras locais de prosperar e ascender socialmente. Não que esses valores inexistissem na África*

que deixara para trás. Mas, uma vez na Bahia, Domingos passaria a controlar novos modos de manipular, inovar e transcender suas circunstâncias. Comecemos por religião.[26]

Outro caso igualmente exemplar é a biografia de Rufino José Maria, natural de Oyó, escravizado ainda garoto por traficantes brasileiros. Na Bahia, após conseguir alforria, trabalhou como cozinheiro de navios negreiros até se tornar alufá (alto sacerdote muçulmano) no Recife.[27] Livros dessa natureza, que mesclam o privado e o público do sistema, são o melhor que a historiografia da escravidão tem nos apresentado.

Contudo, a grande brecha em nosso escravismo colonial foi a mineração. Dez anos depois de aberta, em 1690, metade de Portugal se abalara para cá: os emboabas, cujas botas contrastavam com os descalços paulistas e lembravam o pássaro *mbuab*, ou seja, "de penas nos pés". Lá já haviam se fixado milhares de paulistas. Um povoamento sem lei e sem ordem – matava-se até por uma espiga de milho. Depois, tudo se assentou, surgiram as primeiras cidades – Vila Rica, Sabará, Mariana, São José do Rio Preto e, na área dos diamantes, que já nasceu estatizada (diferentemente da área aurífera), Diamantina, Serro do Frio... Até então, as cidades eram portos por onde se embarcava a produção agrícola para a Europa. Não tinham vida permanente, como passaram a ter as mineiras: era gente livre, pobre ou enriquecida da noite para o dia, um embrião de classe média abortada quando as minas fecharam – não por esgotamento, mas por carência tecnológica. Nas cidades próximas às minas, pela primeira vez a população livre excedeu a escrava.

[26] REIS, 2008, p. 272.
[27] REIS; SANTOS; CARVALHO, 2010.

Mas havia também, nos aglomerados urbanos, como na velha Salvador que perdeu o posto de capital para o Rio de Janeiro, em 1765, ou em Recife, um bom número de trabalhadores livres. Alguns porque chegaram ao Brasil nessa condição; outros porque tinham conseguido, por meio de doação ou compra, a liberdade (ou alforria). Também no campo havia certa quantidade de camponeses não escravos, imprensados, vivendo de favor, da mão para a boca, nas fímbrias das plantações:

> *Por toda a parte o mesmo quadro: uma produção de subsistência rudimentar, choças sujas, quase sem móveis e utensílios domésticos, seres humanos andrajosos e fisicamente degradados, sujeitos, nos anos de estiagem, à fome no sentido mais literal.*[28]

Havia, por último, uma multidão de vadios, sem trabalho nem consideração social. Nenhuma fazenda ficava sem o seu rancho de "mulatas" – quase sinônimo de "prostitutas" na linguagem da época. A expressão "teúda e manteúda" designava ex-escravas mantidas por senhores em ranchos, como certa Maria do Egito, mulata, trinta anos, pertencente ao senhor Evaristo José de Santana, morador de Aracaju. Ela declarou à Justiça, em 1588, que "sob a promessa de a libertar, deixou-se levar de sua virgindade por amor único de gozar deste maior bem que pode usufruir um ente humano – a liberdade – e de efeito seu senhor desfrutando-a, deu-lhe carta de liberdade e a teve por sua barregã por mais de catorze anos".

Vem daí, provavelmente, o mito brasileiro da mulata "quente", fácil e insuperável na cama. Essa população não encontrava lugar em um sistema que se reduzia ao binômio "senhor e escravo". Eram

---
[28] GORENDER, 1978, p. 229.

contingentes relativamente grandes de pessoas, mais ou menos desocupadas, vivendo de um lado para o outro, sempre indesejáveis, presas do humor do fazendeiro. Esses "sem-classe" são uma das origens do povo brasileiro.

A existência de numerosa população vadia foi típica da sociedade escravista, embora não específica dela.

> *Os que foram expulsos de suas terras com a dissolução das vassalagens feudais e com a expropriação intermitente e violenta, esse proletariado sem direitos, não podia ser absorvido pela manufatura nascente com a mesma rapidez com que se tornavam disponíveis. [...] Muitos se transformaram em mendigos, ladrões, vagabundos, em parte por inclinação, mas na maioria dos casos por força das circunstâncias. Daí ter surgido em toda a Europa Ocidental, no fim do século XV e no decurso do XVI, uma legislação sanguinária contra a vadiagem. Os ancestrais da classe trabalhadora atual foram punidos inicialmente por se transformarem em vagabundos e indigentes, transformação que lhes era imposta.[29]*

Aconteceria igual criminalização dos sem-trabalho em nosso período pós-abolição, como veremos adiante.

---

[29] MARX, 1980, livro 1, vol. 2, p. 851.

Para saber mais sobre o conteúdo deste capítulo

CUNHA, Manuela Carneiro da (org.). *História dos índios no Brasil*. São Paulo: Companhia das Letras, 1992.

FRAGA FILHO, Walter. *Mendigos, moleques e vadios na Bahia do século XIX*. São Paulo: Hucitec; Salvador: EDUFBA, 1996.

FRANCO, Maria Silvia Carvalho. *Homens livres na ordem escravocrata*. São Paulo: Instituto de Estudos Brasileiros, 1969.

FREITAS, Décio. *Escravidão de índios e negros no Brasil*. Porto Alegre: EST/ICP, 1980.

GORENDER, Jacob. *O escravismo colonial*. São Paulo: Ática, 1978.

LINDOSO, Dirceu. *A utopia armada: rebeliões de pobres nas matas do tombo real*. Petrópolis: Paz e Terra, 1983.

MAESTRI FILHO, Mário. *Depoimentos de escravos brasileiros*. São Paulo: Ícone, 1988.

MARX, Karl. *O capital*. 5ª ed. Rio de Janeiro: Civilização Brasileira, 1980.

MOURA, Clóvis. *Sociologia do negro brasileiro*. São Paulo: Ática, 1988.

REIS, João José. *Domingos Sodré. Um sacerdote africano. Escravidão, liberdade e candomblé na Bahia do século XIX*. São Paulo: Companhia das Letras, 2008.

REIS, João José (org.). *Escravidão e invenção da liberdade*. São Paulo: Brasiliense, 1988.

_____; SANTOS, Flávio dos; CARVALHO, Marcus J. M. de. *O alufá Rufino: tráfico, escravidão e liberdade no Atlântico negro (c.1822-c.1853)*. São Paulo: Companhia das Letras, 2010.

RIBEIRO, Berta. *O índio na história do Brasil*. São Paulo: Global, 1983.

SILVA Jorge da. *120 anos de abolição (1808-2008)*. Rio de Janeiro: Hama, 2008.

Capítulo 7

A luta contra a escravidão

Escravo passivo é uma lenda brasileira. Ou o escravo lutava ou se acomodava – o que também exigia esforço. Negros rebeldes, cujo nome a história guardou, foram, em geral, trabalhadores autônomos urbanos com certa liberdade de movimentos. Como aqueles quatro da Bahia: Luis Gonzaga das Virgens, soldado, trinta anos; Lucas Dantas, soldado, vinte e quatro anos; João de Deus do Nascimento, alfaiate, oito filhos; Manuel Faustino dos Santos Lira, aprendiz de alfaiate, dezessete anos.

Com o fim da escravidão (1888) e da monarquia (1889), a história oficial elevou o alferes (sargento) Tiradentes a herói nacional, esquecendo esses quatro da Revolta dos Alfaiates. Cercado pela polícia em 1789, Tiradentes vendeu um de seus quatro escravos para ter dinheiro. Thomas Jefferson, que assinou o fim da escravidão nos Estados Unidos, nunca libertou os seus próprios escravos; e George Washington, que liderou a Independência, só libertou os dele em testamento. Costume do tempo. Os quatro da Bahia, em 1798 se rebelaram contra o costume do tempo.

Foram inúmeras as formas de resistência dos negros, tanto sob a escravidão quanto atualmente. Rebeliões armadas e rebeliões mudas; furto, sabotagem do trabalho, assassinato de senhores e de feitores, mau-olhado, intriga, aborto, infanticídio, preguiça, banzo, suicídio... Resistência por dentro do sistema, como a daquela "preta do Dr. Menezes corroída de doenças ocultas" (ver caso 1, capítulo 1, p. 19). Ela resolveu o seu problema num poço: deixou de ser objeto. E legou um problema para cada amo: para o Sr. Thibaut, dono de colégio, prejuízo; para o Dr. Menezes, fama de vendedor desonesto.

Anos atrás, não se dava importância a esse tipo de resistência à escravidão; resistência sem glória, cotidiana, que manteve tradições, hábitos e costumes africanos ou já negro-brasileiros.

Onde houve escravidão – das charqueadas gaúchas à selva amazônica – o trabalhador formou quilombos, por exemplo, ao longo de quase todos os rios da Amazônia. Os quilombolas foram tão arrojados quanto os bandeirantes paulistas ou os povoadores cearenses. Faltando mulher – o aquilombado era comumente macho –, se tornou frequente o rapto de índias, o que resultaria numa enorme população de cafuzos.

Menino lá por 1888, o escritor Lima Barreto via passar de fardão, arrastando espada, um negro imponente. Quem seria? "Ele se intitula príncipe Obá II. Mais um maluco baiano...", lhe explicavam. Cândido da Fonseca Galvão, veterano da guerra contra o Paraguai, vereador sem mandato, escrevia em jornais, não perdia beija-mão (audiência com o imperador). Lutou pela abolição mas, como tantos negros do seu tempo, preferia a monarquia.

As sociedades dos escravos

O escravo negro brasileiro foi, antes de tudo, um organizador.

Organizou sociedades secretas, como a Gueledés (feminina) e a Ogboni (mista, mas dirigida por mulheres); sociedades públicas, como caixas de alforria, fundos de socorro mútuo, instituições religiosas e de lazer, montepios, irmandades, confrarias, folguedos de rua, terreiros de cultos, rituais etc.

Após a abolição, o negro continuou organizando – e até hoje – clubes de lazer e esportivos; sindicatos, imprensa, escolas de samba, blocos afro, trios elétricos, *reggae nights*, bailes de charme, gafieiras, pagodes de fundo de quintal, centros de macumba, igrejas etc. Uma das mais antigas dessas organizações, a Sociedade Protetora dos Desvalidos, fundada em 1833 por escravos libertos no Pelourinho, em Salvador, ainda está em funcionamento. Naquele mesmo ano, no Rio de Janeiro, Paula Brito (1809-1861) fundou o jornal *O homem de cor*, contra o preconceito racial – o que demonstra a antiguidade do que hoje chamamos movimento negro. Os atuais jornais *Black people*, *Raça Brasil*, *Maioria falante* e muitos outros são seus herdeiros.

Confrarias negras inundaram o país a partir de Minas Gerais. Começavam com grupos de católicos rendendo graças a Deus pela alforria, que lhes deixavam em testamento "senhores bons", ou comprada a "senhores maus"; depois, cada alforriado liberto contribuía em dinheiro para a caixa da instituição, que arrematava, a cada ano, a liberdade de um novo lote de trabalhadores. Já o *esusu* funcionava como os atuais consórcios de carro: cada um contribuía mensalmente com uma pequena quantia para ter direito ao sorteio da compra da sua alforria.

Contudo, o caso mais famoso – o que não quer dizer mais conhecido – de resistência à escravidão é o do Quilombo dos Palmares, que durou mais ou menos de 1595 até 1695.

Palmares foi um cordão de aldeias, localizado a cerca de oitenta quilômetros de Maceió, em uma serra que vista de longe parece o perfil de uma mulher grávida, a serra da Barriga. Sua população era formada por escravos fugidos, índios refugiados e um pequeno número de brancos sem-terra ou fugidos da polícia. Quilombos se formaram por toda parte, do sertão à periferia das cidades, mas os de Palmares duraram quase um século – foi o episódio mais longo da história social do país.

Não foi a sua única peculiaridade. Palmares foi a questão principal de "segurança nacional" por quase todo o século XVII – segurança nacional entre aspas, já que então não havia uma nação brasileira. A destruição de Palmares foi prioridade dos governos coloniais português e holandês, tanto que os quilombolas, primeiro sob o comando de Ganga Zumba, depois de Zumbi, lhes faziam sem cessar a "guerra do mato", guerrilha rural caracterizada pelo fustigamento, a cilada, o desaparecimento na mata. Conseguida a destruição dos quilombos, após dezenas de expedições, muitas delas comandadas por bandeirantes e mercenários negros, os arredores e flancos da Angola Janga (Angola Pequena), como era por vezes chamada a região, se cobriram de fazendas de cana-de-açúcar e de gado. Pode-se dizer, em síntese, que Palmares foi derrotado pela cana e pelo boi.

Palmares é um caso exemplar de conhecimento histórico estimulado por um movimento social. Livros didáticos, quando se referiam a ele, reservavam apenas duas, três linhas. A partir dos anos 80 do século XX, com o movimento negro e alguns historiadores da escravidão, começou a se falar mais de Palmares. Embora até então se soubesse pouco sobre o quilombo, a data da morte de Zumbi, seu último chefe, em 20 de novembro de 1695, foi oficializada como o Dia Nacional da Consciência Negra. As pesquisas que se seguiram – historiográficas, de história comparada, arqueológicas, antropológicas, linguísticas – nos deram a medida da sua importância. E fizeram emergir, com certa clareza, os perfis de três atores principais do episódio: Domingos Jorge Velho, famoso *caçador de índios*; Ganga Zumba, o líder negro *negociador* com o governo colonial; e Zumbi, o chefe guerreiro refratário a qualquer acordo.

Para saber mais sobre o conteúdo deste capítulo

FREITAS, Décio. *Palmares, a guerra dos escravos.* Rio de Janeiro: Graal, 1974.

MAESTRI FILHO, Mário. *Deus é grande, o mato é maior! Trabalho e resistência escrava no Rio Grande do Sul.* Passo Fundo: UPF, 2002.

REIS, João José. *Rebelião escrava no Brasil. A história do levante dos malês (1835).* São Paulo: Brasiliense, 1986.

SILVA, Eduardo. *Dom Obá II D'África, o Príncipe do Povo.* São Paulo: Companhia das Letras, 1997.

Capítulo 8

Como acabou a escravidão brasileira

No começo de 1887, uma procissão incrível percorreu o centro da cidade de São Paulo. Entre os andores se viam instrumentos de tortura – gargalheiras, grilhões, cangas, relhos, anéis de apertar os dedos (chamados "anjinhos"), palmatórias. Quase nenhum brasileiro atual conhece essas máquinas de dor; naquele tempo, todos as conheciam, seja por terem visto aplicadas, seja por terem aplicado, seja por senti-las na própria carne. À frente da procissão, bem debaixo da imagem do Cristo crucificado, desfilava aos tropeções um rapazinho preto. Mexia os braços e as pernas como um boneco de engonço. Retorcia a cara, falava sozinho. Enlouquecera, talvez. A cidade ficou muito impressionada e a polícia não ousou impedir. A multidão ia atrás, silenciosa. De vez em quando, ouvia-se um som de soluço entre os que aglomeravam as calçadas.

Esse espetáculo foi armado por um agitador formidável, Antônio Bento, criador dos caifases. Bento era fazendeiro renegado. Lera na Bíblia (em João, 11:50) a profecia do profeta Caifás: Jesus "deveria morrer pelo povo e, assim, a nação inteira não pereceria". Cansado e insatisfeito com os métodos legais de luta, Antônio Bento fundou uma organização armada para libertar escravos e executar torturadores, os caifases. Pela ação dos caifases nasceu, em Santos, nas terras altas entre o mar e a montanha, o Quilombo do Jabaquara, uma imensa favela de madeira, palha, barro, e telhados de zinco. O celeiro de estivadores e operários do carvão.

Aquela procissão-comício, na qual um escravo enlouquecido pela tortura desfilou aos pés do Cristo crucificado, fez crescer a organização de Antônio Bento. Estudantes de Direito do Largo São Francisco, jornalistas, advogados, rábulas, operários gráficos, ferroviários, fazendeiros esclarecidos, havia cada vez mais caifases, clandestinos ou não. Todos arriscavam a pele por *slogans* subversivos como este:

"A escravidão é um roubo".

Ou ainda: "O escravo que mata seu senhor, seja em que circunstância for, age em legítima defesa".

Em 1886, Raul Pompeia, da ala mais esquerdista da campanha, escreveu:

> *A humanidade só tem que felicitar-se quando um pensamento de revolta passa pelo cérebro oprimido dos rebanhos operários das fazendas. A ideia da insurreição indica que a natureza humana ainda vive. Todas as violências em prol da liberdade violentamente acabrunhada devem ser saudadas como vindita santa. A maior tristeza dos abolicionistas é que estas violências não sejam frequentes e a conflagração não seja geral.*[30]

A partir do ano daquela procissão, 1887, aumentou a deserção em massa de trabalhadores. Centenas chegavam, diariamente, ao Quilombo do Jabaquara ou a Cubatão, às matas em torno de Jundiaí, do Rio de Janeiro, de Campos, de Juiz de Fora etc. A pé, de trem, em burros, em carroças mal-ajambradas. Como terminaria aquilo? Não se precisava de bola de cristal para perceber que os custos da escravidão ficavam cada vez mais altos e o desgaste político idem. O exército, convocado para a repressão, declarou em manifesto não querer se prestar ao papel de

---

[30] PEREIRA, 1963, p. 280.

capitão-do-mato – aqueles mercenários que viviam da caça aos escravos fugidios.

O trabalho escravo ainda era lucrativo, mas o custo total do sistema – manutenção do escravo mais gastos com segurança, sem falar de sua baixa produtividade *per capita* e, como dissemos, a subida do preço no mercado internacional – o tornava inviável. Até a véspera da abolição, as oportunidades de um escravo morrer eram muito maiores do que as de conseguir a alforria.

Por um tempo ainda se tentou comprar escravos no mercado interno do Norte, Nordeste e Centro-Oeste, em um comércio que já vivia um prolongado declínio. O café, marchando rapidamente para o oeste paulista, utilizou essa mão de obra até a Abolição quase que por inércia, uma vez que era menos produtivo que o trabalhador livre: o escravo aguentava em média não mais que quinze anos trabalhando em torno de dezesseis horas por dia.

A proclamação da Lei Áurea

Deputados e senadores, saídos em esmagadora maioria da classe senhorial, votaram, em tempo recorde, uma lei declaratória, a nº 3.353 de 13 de maio de 1888, que "*declara extinta a escravidão no Brasil*". Dizia a lei:

> "*A princesa Imperial, Regente em nome de sua Majestade o Imperador o Senhor D. Pedro II, faz saber a todos os súditos do Império que a Assembleia Geral decretou e Ela sancionou a Lei seguinte:*
>
> *Artigo 1º. É declarada extinta desde a data desta Lei a escravidão no Brasil.*

Artigo 2º. Revogam-se as disposições em contrário.

Manda portanto a todas as autoridades a quem o conhecimento e execução da referida Lei pertencer, que a cumpram e façam cumprir e guardar tão inteiramente como nela se contém."

Uma agitação pública inédita no país precedeu a assinatura da Lei Áurea. O movimento dos caifases não foi único. Por toda parte, com o fim da guerra contra o Paraguai (1864-1870), a escravidão rapidamente se desmoralizou. Nas capitais das províncias, e mesmo em algumas cidades secundárias, jovens, mulheres e operários criavam entidades abolicionistas; caixas de emancipação pressionavam proprietários a libertar seus escravos, ou ajudavam-nos a fugir. Formava-se um movimento que parecia ganhar força como uma incontrolável bola de neve.

A velha instituição se desmoralizava. Um filho de escravos, Cruz e Sousa, ainda que de personalidade mística – talvez o traço principal do Simbolismo a que aderiu – apontou num artigo de jornal a cumplicidade da Igreja com a escravidão:

Um padre escravocrata... Horror!
Um padre, o apóstolo da Igreja, que deveria ser o arrimo dos que sofrem, o sacrário da bondade, o amparo da inocência, o atleta civilizador da cruz, a cornucópia do amor, das bênçãos imaculadas, o reflexo de Cristo...
Um padre que comunga, que bate nos peitos, religiosamente, automaticamente, que se confessa, que jejua, que reza o Orate frates, *que prega os preceitos evangélicos aos que caem* surge et ambula.
Um escravocrata de... batina e breviário... horror!

*[...] Eu escreverei um livro de versos que intitularei:
O ABUTRE DE BATINA
Puros alexandrinos, todos iguais, corretos, com os acentos indispensáveis, com aquele tic da sexta – tipo elzevir, papel melado – e ofereço-te, dou-to. Prescindo dos meus direitos de autor e tu o assinas!...
Com os diabos, hás de ter influência no teu círculo. Imprimes um milhão de exemplares, vende-os e assim terás loiras para a tua subsistência, porque tu és paupérrimo padre, e necessitas mesmo de dinheiro, porque tens família, muitos afilhados que te pedem a bênção e precisas dar-lhes no dia de teu santo nome um mimo qualquer.
Faz isso, mas... não te metas com o abolicionismo; é a ideia que se avigora.*[31]

A história escolar tradicional dá os méritos exclusivos da Lei Áurea a um punhado de idealistas como Joaquim Nabuco, Ângelo Agostini, José Bonifácio, o Moço, Joaquim Serra, José do Patrocínio, André Rebouças, Luís Carlos de Lacerda, o já falecido Castro Alves... E esquece a luta dos próprios escravos pela sua libertação, as fugas em massa, os levantes localizados com extermínio de senhores e capatazes, sabotagem da produção, incêndios de lavoura e a formação de quilombos no interior ou na periferia das cidades e vilas.

Com a reação dos escravos, muitos senhores e autoridades se assustaram: não seria melhor entregar os anéis em vez de perder os dedos? Diversos abolicionistas começavam a falar em uma abolição complementada por uma reforma agrária que distribuísse lotes de terras aos ex-escravos e, com isso, realizasse um largo plano de reorganização do

---

[31] SOUSA, 1995, p. 45.

trabalho agrícola. André Rebouças, por exemplo, falava em "democracia rural".

De fato, o sistema escravista brasileiro estava solapado havia pelo menos cinquenta anos. No Amazonas, no Ceará, em Pernambuco, na Bahia, no Rio de Janeiro, no Paraná ou em Santa Catarina, não importava o quadrante, a produtividade do trabalhador escravo era baixa quando comparada à do assalariado ou à do colono; o preço do escravo estava em alta desde a extinção oficial do tráfico (1850); o abolicionismo europeu pressionava a realeza e a diplomacia brasileiras; ser traficante de escravos se tornara uma profissão desonrosa.

Os plantadores de café do vale do Paraíba sabiam muito bem que não se deve plantar em fileira nos morros: a água da chuva, escorrendo livre, acaba com o solo. Mas cultivavam dessa forma porque assim podiam impedir a conversa, a soneca, o "corpo mole" atrás das árvores de café. Salve-se a produtividade, dane-se o solo. O café deixou nessa região solos imprestáveis; fazendeiros amargurados, outrora poderosos, reduzidos à aparência do mando, gastando os dias nas boticas, jecas-tatus assistindo a tudo acocorados ou em banquinhos de três paus (um quarto seria desnecessário, dizia Monteiro Lobato...). Cidades mortas.

Custava muito impedir a fuga do negro, sem falar na perda do investimento. Sabendo disso, alguns fugiam e, para voltar, negociavam mais comida, menos castigo, menos horas de trabalho, não ser vendido sem mulher e filhos etc. O sistema escravista era pesado, estava em toda parte, mas havia frestas por onde escapar individualmente, sem confrontar o sistema. Caso exemplar é o de Barão, personagem de *Os tambores de São Luís*, do escritor Josué Montello:

O Barão, vergado sobre o seu prato, cortava meticulosamente um novo pedaço de carne. E quando levantou a vista:
– Eu tenho um modo muito meu de combater a escravidão. Sempre que posso, papo uma branca, mesmo feia, e deixo um filho na barriga dela. Até uma afilhada de Donana Jansen [rica, famosa e impiedosa senhora de escravos de São Luís] eu papei. Por esse mundo de meu Deus, devo ter feito, com a força do meu birro, mais de duzentos mulatos e mulatas, que andam por aí. Esses mulatos e essas mulatas se cruzaram com brancas e brancos, e os mestiços que daí nasceram são quase brancos como os brancos de olho azul. Já tenho netos de pele clara, que dá gosto de olhar. Muitos deles nem sabem que eu existo. [...] Com o tempo é isso que vai acontecer. No Brasil: os brancos comem as negras, os negros comem as brancas e os filhos dessas benditas trepadas irão desbotando de uma geração para outra. Em menos tempo do que se pensa, está saindo um tipo novo, bem brasileiro, que não é mais preto, nem também é branco, e que vai mandar aqui, como hoje mandam os senhores. E como o preto, toda vez que se mistura com o branco, se esconde na pele desse branco, nossos mestiços vão pensar que são brancos, e com mais esta novidade: sem ter ódio dos negros, e até gostando deles. Um belo dia, vai-se ver, não há mais branco para mandar em preto, nem preto para ser mandado, e aí acabou o cativeiro. E acabou mesmo, Damião. Estou errado? Não: estou certo, certíssimo. Não é a carta de alforria que dá liberdade ao preto. Vê teu caso. Tu tens a tua e pensas que és livre. Não, não és. Pensando bem, tua situação é pior que a minha. Vives atrás de trabalho, e é com esforço que arranjas um bico, assim mesmo por muito favor. Onde é que está a tua liberdade? [...] Eu, como escravo,

tenho as minhas artes, dentro de casa, para viver em paz, e a meu gosto. Nunca amarrei a cara para o meu senhor, mesmo quando ele faz menção de me esbordoar. Nessas horas, desarmo ele: "Que é isso, meu sinhozinho? Não gaste seu braço de branco, tão fino, tão macio, no lombo deste preto seu amigo. Não se zangue por tão pouco. A zanga faz mal ao corpo. Assim, quando vosmecê me bate, leva também seu castigo". E a verdade, Seu Damião, é que nunca apanhei.[32]

Havia também o senhor acoutador. Este, não tendo comprado o trabalhador, o escondia, de forma ilegal, em seu domínio, dando-lhe, para não ser descoberto, menos castigo. O acoutamento (hoje dizemos acoitamento) sobreviverá até o século XX, beneficiando cangaceiros e foras da lei.

Outros escravos sumiam para sempre na confusão urbana, mas isso era difícil para os africanos com marcas tribais no rosto. Ou partiam para brenhas distantes (origem das *terras de pretos)* remanescentes de quilombos que a atual Constituição (1988) reconhece e manda titular. O quilombo produzia, comerciava, se autogovernava, fazia a guerra. Nas últimas semanas da escravidão, alguns, como aquele do Jabaquara por exemplo, com cerca de dez mil moradores, sitiavam as capitais. Os capitães-do-mato não davam conta e o exército tirou o corpo fora, pois seus chefes se sentiam rebaixados nessa função. Assim, a escravidão acabou.

O trabalho escravo por quase quatro séculos produzira civilização (no sentido que dei no capítulo 2, p. 28). A partir de certo ponto, no entanto, tornou-se um estorvo ao desenvolvimento dessa mesma civilização. Mérito, principalmente, dos que se jogaram em poços,

---

[32] MONTELLO, 1976, p. 336-337.

morreram quando era para viver, conversaram quando era para trabalhar, "deram às de vila diogo", como então se dizia, quando era para se sujeitar.[33]

Quanto às leis abolicionistas – a de 1871, do Ventre Livre; a de 1885, dos Sexagenários; a de 1886, proibindo os açoites (na Marinha durariam até 1910); a de 1888, da Abolição –, todas sempre destacadas nos manuais didáticos, tiveram efeito mesquinho e demorado. A Lei do Ventre Livre, assim que terminou a guerra contra o Paraguai, libertava as crianças negras nascidas a partir daquela data, mas as deixava sob tutela de seus senhores até os vinte e um anos; a dos sexagenários pareceu aos abolicionistas uma piada de mau gosto: em média, um trabalhador da roça tinha sobrevida de dez anos se começasse jovem, sem falar que o velho trabalhador devia servir ao ex-dono por cinco anos a título de indenização. É significativo que essa leis foram vistas por parte do Parlamento como comunistas, negadoras da legítima propriedade.

A Lei dos Sexagenários, para ficar neste exemplo, serviu mais aos senhores do que aos escravos, já que em média um trabalhador da roça tinha sobrevida de dez anos, se começasse jovem. Ainda assim, os seus adversários no Parlamento as acusaram de serem leis execráveis. O visconde de Rio Branco, que apresentou o projeto do Ventre Livre, teria "desfraldado no Parlamento a bandeira vermelha da Internacional e da Comuna de Paris", em uma referência paranoica à Organização Internacional dos comunistas e à revolução de 1870 que tomou a capital francesa, a Comuna de Paris. A Lei dos Sexagenários também foi denunciada no Parlamento de proprietários como comunista.

---

[33] Fernando III, o rei espanhol que unificou os reinos de Leão e Castela durante o século XIII, e que depois de morto seria canonizado como São Fernando, concedeu aos judeus de Villadiego o privilégio de não serem perseguidos, desde que usassem calças, como os cristãos. Como os judeus de Burgos ou de Toledo não tinham o mesmo privilégio, ao serem perseguidos fugiam para Villadiego. O aportuguesamento do nome da cidade cunharia a frase "Dar às de Vila Diogo", que significa "fugir".

Para saber mais sobre o conteúdo deste capítulo

CONRAD, Robert. *Os últimos anos da escravidão no Brasil*. Rio de Janeiro: Civilização Brasileira, 1975.

KOWARICK, Lúcio. *Trabalho e vadiagem: a origem do trabalho livre no Brasil*. São Paulo: Brasiliense, 1987.

MONTELLO, Josué. *Os tambores de São Luís*. 2ª ed. Rio de Janeiro: José Olympio, 1976.

NABUCO, Joaquim. *O abolicionismo*. Rio de Janeiro: Nova Fronteira/São Paulo: Publifolha, 2000.

_____. *Minha formação*. Rio de Janeiro: José Olympio, s/d.

PEREIRA, Astrogildo. *Crítica impura*. Rio de Janeiro: Civilização Brasileira, 1963.

SCHWARCZ, Lília Moritz. *Retrato em branco e negro*. São Paulo: Companhia das Letras, 1987.

SOUSA, Cruz e. *Obra completa*. Rio de Janeiro: Nova Aguilar, 1995.

Capítulo 9

O que nos deu a escravidão

O racismo

Em 1965, Bob Kennedy, irmão do então presidente dos Estados Unidos, visitou a PUC do Rio. Um grupo de estudantes quis encostá-lo na parede: "Como explica o racismo de seu país?" Bob se saiu bem: "Não vejo nesta reunião um negro sequer". Bob foi assassinado três anos depois. A PUC de São Paulo levou trinta anos para ter os primeiros alunos negros, duzentos bolsistas indicados pelo movimento negro.

Movimento negro é um capítulo centenário da luta pela democracia no Brasil. A contar da Frente Negra Brasileira (1931-35), com milhares de militantes e simpatizantes, é hoje também um movimento social de educação popular, mantendo cursos pré-vestibulares e cooperativas de estudantes carentes. Organizações do movimento negro se reproduziram como cogumelo a partir dos anos 1970, num país que já não se crê, como antes, uma democracia racial. Sem negros na universidade não podíamos dar lição alguma a Bob.

O racismo foi a parte principal da herança que a escravidão nos deixou. Na verdade, a escravidão foi o próprio racismo. Durante sua vigência (4/5 do tempo que o Brasil tem de existência), muito dificilmente um branco era escravo, mas acontecia. Como foi o caso de um escravo louro que, em 1858, apareceu na Praça do Comércio, centro do Rio, estarrecendo a opinião pública e conseguindo imediato auxílio pecuniário para a compra da sua alforria. Um dos mais célebres romances, de 1875, de Bernardo Guimarães, conta a história de uma moça branca escrava chamada Isaura, que sofreu como o diabo:

> *A Escrava Isaura é o exemplo, talvez único, na história mundial de um romance em que todos os dados são inverossímeis, para nada dizer do estilo que é pobre, rasteiro, declamatório. "Olhos negros fascinantes, a tez fina e delicada, tinha a leve palidez, duma rosa desmaiada, e a escrava parecia uma princesa encantada."*[34]

Em compensação, um negro podia, eventualmente, virar senhor. Em Ouro Preto, no auge da mineração de diamantes, ficou famoso um certo Felipe Mina por ter centenas de escravos. Quando perdoava algum do castigo, contam que falava: "Depois não vá dizer que branco é ruim..."

Como se vê, negro e branco, sob a escravidão, são posições sociais. Quando ela acabou, esse posicionamento havia se fixado de tal forma que ainda hoje os brancos parecem superiores aos negros. Não conseguimos descolar, passados mais de um século, a cor da condição social. Isso leva muita gente a afirmar que o *racismo é um problema social*. Bastaria pensar duas vezes para reconhecer que tudo o que é humano é social. Dizer que uma coisa é social é como dizer que a água é líquida, a maçã é uma fruta etc. Nada acrescenta.

O mais adequado seria dizer que no Brasil a desigualdade social nasceu e se desenvolveu por meio da desigualdade racial (e, também, da desigualdade regional e da de gênero, entre outras). O leitor talvez conheça um recurso dos arquitetos e *designers* chamado "engana-o-olho" (ou *trompe l'oeil*): uma pintura na parede feita para iludir o cérebro, parecendo algo (uma porta, um campo florido...), quando na verdade é apenas uma parede. Como o escravo era negro e o senhor, branco, não se separava a

[34] Freyre, 1963, p. 331.

condição social e a "racial". Por consequência, os defeitos e virtudes do escravo parecerão os defeitos e virtudes do negro; o mesmo para os brancos.

Nisso consiste basicamente o racismo moderno, em particular o brasileiro.

Poderia se dizer, então, que o racismo é coisa do passado? Tendo a escravidão acabado há mais de cem anos, já não deveria ter também acabado o racismo? Não teria o Brasil, tanto tempo depois, deixado de ser racista?

"O que é racismo?", perguntaria Sócrates a um discípulo (se o fenômeno existisse naquele tempo). Racismo é essa "racialização" de posições sociais ao longo de quinhentos anos de história, com base na crença esperta, ou ingênua, de que existem raças. É um fenômeno sistêmico, um componente da formação e desenvolvimento da sociedade brasileira. Não foi superado até hoje. Por quê? É que o modo de produção que substituiu o escravista, no final do século XIX, manteve a estrutura social antiga: negros por baixo, brancos por cima. Em alguns aspectos até reforçou preconceitos e discriminações antigas. Socraticamente, poderíamos perguntar: o que é preconceito, o que é discriminação? Trata-se da mesma coisa que racismo?

Preconceito racial e *discriminação* são parentes sim do *racismo*, mas se diferenciam. Preconceito racial surgiu nos tempos modernos, com a escravização de índios e africanos. Os europeus acharam na cor (ou raça, até recentemente) uma marca para seu sentimento de superioridade. Esse sentimento é comum na história da humanidade – representa um etnocentrismo, uma necessidade de conjurar a ameaça do outro crendo na própria superioridade.

Os primeiros relatos sobre a África foram um circo de maravilhas criadas pela combinação de assombro e preconceito: homens que amamentavam, que se transformavam em leões, mulheres sem o bico dos seios, tribos com rabo ou fisionomia de cachorro. Em Gana [a cidade, não o país atual], segundo o viajante árabe Ibn-al-Fakih, o ouro nascia como planta na areia, do mesmo modo que as cenouras, e era colhido ao nascer do sol. Seriam assim as mandingas dos extratores de ouro, o que nos leva a desconfiar de que as invencionices fossem para afastar competidores.

O assombro, que se recalcava em preconceito, era maior diante de realidades, como a grande avenida do Benin, mais larga do que a mais larga via de Amsterdã. O europeu estranhava tudo no "continente misterioso", principalmente quando se aventurava atrás de escravos e ouro pelo interior: a luminosidade, formas, sons, cheiros, moradias, animais, árvores desconhecidas. Muitos, quando sobreviviam à malária, à febre amarela, à disenteria e à fome, continuavam maravilhados... e fantasiosos. Conforme avançou a importação de africanos para a América, a admiração inicial foi sendo substituída pela injúria direta: os africanos passaram a ser vistos como preguiçosos, estúpidos, supersticiosos, mentirosos, ladrões, gananciosos, vingativos e traiçoeiros, cabendo ao homem branco resgatá-lo do paganismo e da escuridão. Era o fardo dado por Deus ao homem branco.

Mas quem são, afinal, os negros?

Uma raça que, sob comando da raça branca, ajudou a colonizar o Brasil? Errado. Um professor atualizado começaria explicando que, no caso da espécie humana, não há raças. Nosso genoma, quer se trate de um esquimó, de um aldeão africano, de um alemão ou de um caiapó, é o mesmo. Se um deles engravidar uma mulher do outro grupo, nascerá um ser humano igual a todos os seres humanos. Nossas diferenças estão nas frequências genéticas. Exames do DNA de Daiane dos Santos, a superginasta brasileira de pele negra, conduzidos pelo geneticista Sérgio Pena da

Universidade Federal de Minas Gerais, demonstraram que ela tem 39,7% de ancestralidade africana, 19,6% ameríndia e 40,8% europeia. A primeira arma contra o racismo é esta constatação científica: raça é espécie (ou seja, raça humana).

Há quem goste de designar os negros como etnia evitando, dessa forma, chamá-los de raça. Só que uma etnia é culturalmente homogênea, possui uma língua, uma religião, um território determinado etc. Obviamente, não é o caso dos negros brasileiros. Seriam, então, uma cultura (ou várias culturas)? O problema é que as culturas negro-africanas nunca ficaram isoladas, sempre se fundiram com outras, especialmente as indígenas. Ou se fundiram ou dividiram espaço. Por exemplo: quem pode dizer que elementos são negros numa igreja pentecostal ou na maneira brasileira de jogar futebol? A classificação "racial" pode variar de região para região, conforme a visão e o sentimento do próprio grupo. Um branco da Bahia, por exemplo, pode ser considerado negro em Santa Catarina, um preto de Santa Catarina, branco na Bahia, e assim por diante.

Negros no Brasil são os descendentes de africanos. Mais ou menos certo. Daiane, como milhões de brasileiros famosos ou anônimos, é visivelmente negra, mas descende principalmente de europeus. Por outro lado, qualquer brasileiro da atualidade, mesmo o branco mais claro, descende, em alguma medida, de africanos:

> *Todo brasileiro, mesmo o alvo, de cabelo louro, traz na alma, quando não na alma e no corpo – há muita gente de jenipapo ou mancha mongólica no Brasil – a sombra, ou pelo menos a pinta, do indígena ou do negro. Do litoral do Maranhão ao Rio Grande do Sul, e em Minas Gerais, principalmente do negro. A influência direta ou remota do*

africano. [...] Na ternura, na mímica excessiva, no catolicismo em que se deliciam nossos sentidos, na música, no andar, na fala, no canto de ninar menino pequeno, em tudo que é expressão sincera da vida, trazemos quase todos a marca da influência negra.[35]

A naturalidade da tortura

A respeito deste tema, ver capítulo 1, p. 8.

Subdesenvolvimento do Brasil

O tráfico negreiro e sua obra, a escravidão, criaram o desenvolvimento da Europa e o subdesenvolvimento do Brasil (e de todas as regiões em que a escravidão se instalou, com exceção, por diversas razões, dos Estados Unidos). A enorme riqueza gerada pelo tráfico, a exportação de metais preciosos e *commodities* por mais de três séculos, se acumulou no velho continente – mais na Inglaterra, França e Holanda do que em Portugal e na Espanha. E impediu que os novos continentes enriquecessem – a África ainda menos que a América. Desse jeito, o processo civilizatório ocidental, como Jano, o deus romano, apresenta duas faces, opostas mas justapostas: o progresso e o atraso. É interessante que quando a Europa "descobriu" a América e a África, os três continentes se equivaliam, com pouca discrepância, em complexidade cultural e progresso material (e, em alguns aspectos, até com desvantagem para a Europa).

---

[35] Al-Idrisi, p. 38.

"Influências" afro-brasileiras

É comum, ainda hoje, professores e livros didáticos apontarem as "influências" do africano em nossa civilização: o escravo africano (ou negro), fundido na condição social (trabalhador), na origem geográfica (africano) e na cor da pele (negro). Devíamos, no entanto, separar as três condições, o que não é fácil. Em seguida, apresentar as influências invisíveis, profundas.

Estigma sobre o trabalho

O trabalho teve papel decisivo na passagem do humanoide ao homem. Ele – juntamente com a localização frontal do órgão sexual, o desejo, o andar ereto, a soltura do dedo polegar, a fala – nos tornou humanos. A escravidão brasileira, como eu disse, é um capítulo dessa longuíssima história geral do trabalho. O trabalho coletivo, o familiar, a escravidão antiga, o feudalismo das sociedades europeias, a servidão consentida de muitos povos africanos, o assalariamento desenvolvido pelo capitalismo etc., são suas diversas formas.

Os estrangeiros que andaram por aqui no apogeu da escravidão se espantaram com o desprezo dos homens livres pelo trabalho manual – que era considerado humilhante, mesmo que fosse carregar uma simples pasta. O trabalho com as mãos será sempre uma marca vil, signo de inferioridade. A própria língua comum sugere que profissão liberal é a que não se exerce com as mãos. Setenta anos após a abolição, "A banca do distinto", um samba de Billy Blanco, retrata o típico doutor brasileiro: "Não fala com pobre, não dá mão a preto, não carrega embrulho". Doutor, aqui, não designa apenas o diplomado, mas também quem não trabalha com as mãos, ou seja, o profissional liberal.

Jean-Baptiste Debret. "Um funcionário a passeio com sua família". 1839. *Viagem pitoresca e histórica ao Brasil.*

Terminada a escravidão, os trabalhadores negros foram dispensados da produção. Passaram de bons escravos a maus trabalhadores. Suas condições de escravo, negro e trabalhador se fundiram de tal maneira que, ao pensar em montar um novo sistema produtivo na agricultura e na indústria nascente, ninguém lembrou de utilizá-los. Apelou-se para os imigrantes europeus, tanto para a lavoura como para o trabalho industrial. Que o negro, livre da escravidão, era mau trabalhador é uma meia-verdade – e as meias-verdades, como se sabe, são mais difíceis de desmanchar do que as mentiras. O escravo, de fato, se subtraía ao trabalho sempre que podia; além disso, nas lavouras mais dinâmicas, como a do café, sobreviveria por pouco tempo. Meia-verdade. Os fazendeiros e autoridades não quiseram fazer a experiência de promover o ex-escravo a assalariado rural, colono ou pequeno proprietário. Outra coisa era o preconceito: negros não teriam, devido a sua cor de pele, capacidade para o esforço continuado e a poupança. Chamou-se a isso de *cultura da festa*. Ela serviu para consolidar a crença de que o negro estava, por destino, condenado à vadiagem e a tudo o que ela parece trazer: abulia, criminalidade etc.

A consequência dessa *ideologia de barragem* para a indústria brasileira incipiente foi um grande número de desempregados, permitindo pagar salários bem baixos aos que tinham vocação para o trabalho continuado e o espírito de poupar – os imigrantes, de preferência alemães, italianos e eslavos, nessa ordem. No sertão, de norte a sul, a grande lavoura promove, até hoje, uma feira diária de trabalhadores – acocorados, como a sinalizar sua degradação, milhares de trabalhadores sem terra esperam que o *gato* (agenciador) escolha alguns deles por um salário que depende do seu número; caso sejam muitos, se pagará pouco.

Essas constatações contradizem a ideia do escravo como vítima. A não ser para um empedernido reacionário, os brasileiros, negros e brancos deviam se orgulhar de descender de trabalhadores escravos – afinal foram eles que construíram quase tudo no plano material e cultural, como foi dito acima. O desprezo pelo trabalho é comum entre os que supervalorizam o capital e o empreendedorismo (como hoje se diz) na construção da riqueza. Em geral esse equívoco sobrevive nos livros didáticos: neles, os construtores do país foram os governadores-gerais, os sesmeiros, os senhores de engenho, "homens bons", como então se dizia, os bandeirantes, os barões do café, os vice-reis, os regentes, D. João VI, os dois imperadores, os presidentes da República, os chefes de guerra etc.

Muitos negros brasileiros atuais preferem descender de reis e faraós a descender de trabalhadores escravizados. Em parte isso é uma reação à invenção colonialista de que a África não tem história. Vigoravam sobre o continente há menos de cinquenta anos clichês como: "clima abrasador", "continente inóspito", "selva impenetrável com gorilas imensos", "a infernal mosca tsé-tsé", "rios entupidos de jacarés", "aldeias de homens primitivos que se comunicam por tambores" etc. Na verdade, a selva (menos de 20%) e o deserto (cerca de 30%) não chegam à metade da superfície do continente, que tem trinta milhões de quilômetros quadrados. A rigor, na África não há nenhuma região deserta de homens. O subsolo africano é rico em minerais, cobre, rádio, cobalto, diamante, platina, cromo, bauxita, ouro e ferro – e todos serviram de alavanca ao desenvolvimento histórico do continente. Com um mapa à frente, um professor pode desmentir com facilidade a imagem dos "africanos passivos em cabanas escuras". A África tem cidades antiquíssimas, centenas de anos anteriores à "descoberta" do Brasil.

Antes do nascimento do Brasil, Timbuctu e Gana tinham milhares de habitantes; Gao, sobre o rio Níger, cerca de sessenta mil, com universidade e centro comercial complexo. No ano 1110 (493 no calendário muçulmano), o viajante árabe Al-Idrisi, falou assim sobre Gao:

> *A cidade de Kawkaw (ou Gao) é muito grande e muito conhecida na terra dos negros. Fica à margem de um rio [o Níger] que vem do norte e a atravessa. A população bebe sua água. Muitos negros afirmam que a cidade está à beira de um canal, enquanto outros asseguram que é banhada por um afluente do Nilo. [...] O rei de Gao é um soberano independente [...] Ele possui muitos servidores e*

> uma grande corte, oficiais, soldados, belas roupas e ornamentos. Seus soldados montam cavalos e camelos. São corajosos e temidos pelos povos vizinhos. Os homens comuns cobrem a nudez com peles. Os comerciantes vestem-se com camisolas e mantos e usam faixas de lã ao redor da cabeça. Seus ornamentos são de ouro. Os nobres e as pessoas eminentes trazem um pano fino enrolado na cintura. Eles frequentam os comerciantes, sentam-se com eles e a eles se associam nos negócios.[36]

Nossos alunos (e muitos professores) pensam a África como um bloco. No entanto, é um continente de notável diversidade – só na parte ocidental se falam cento e vinte e seis línguas básicas; e, no conjunto do seu território, vivem quase setenta grupos étnicos principais, nem todos negros. Uma forma de classificá-los é a linguística: grupos khoisan (hotentotes e bosquímanos), tuá (pigmeus), guineense, bantu, hamita (também chamados busquita ou etiópico), nilótico e nilo-hamita.

Mundialização da música africana

Lá por 1970, marinheiros e estivadores jamaicanos trouxeram para a baixada maranhense um ritmo novo, o *reggae*. Como o calipso, o carimbó e o merengue, o novo ritmo também vinha, indiretamente, da África. Criticado como "imitação estrangeira" pela direita e pela esquerda, o *reggae* jamaicano ganhou adeptos negros jovens de bairros e palafitas de São Luís. Também, quando o futebol veio da Inglaterra há cem anos, o escritor Lima Barreto fundou uma liga contra ele. Seus

---
[36] COSTA E SILVA, 2012, p. 38.

argumentos foram: importado por ricaços ingleses, desenvolvia os músculos em vez do cérebro, distraía os operários da luta política, aumentava a discriminação dos negros. Quase se podia dizer o mesmo do reggae. Mas as *reggae nights*, assim como o futebol, precisavam de pouco: um sistema de som nas alturas (radiola), uma boina de tricô, trancinhas, colares e pulseiras. Os mais velhos haviam trazido o Boi-Bumbá do interior, popular. O *reggae* se tornou o popular eletrônico, falado na língua global, com sotaque de Bob Marley e Peter Tosh. Tanto o boi quanto o *reggae* criaram territórios comunitários.

A adesão de São Luís ao *reggae* é um bom exemplo, mas o fenômeno surgiu em toda parte, juntando netos de escravos, presas da cultura de massas e, ao mesmo tempo, continuadores da música afro-brasileira – ou negro-brasileira. O samba, o *blues*, o *jazz*, a milonga platina (que gerou o tango), o *reggae*, a rumba, o calipso e mesmo o *rock'n'roll* só foram possíveis pelo que hoje se chama diáspora, ou espalhamento, de milhões de trabalhadores africanos pelas Américas.

Quilombos contemporâneos

Encerrada a escravidão, cento e cinquenta anos depois começou-se a dar atenção a um sem-número de aldeias espalhadas por todo o país, suficientemente coesas e isoladas da sociedade global e, em grau variável, da própria sociedade regional. Eram os *isolados negros*, como alguém as chamou, redutos remanescentes de antigos quilombos ou constituídos depois da abolição. Essas comunidades negras são percebidas pela vizinhança como "terras dos pretos", "lugar dos pretos", como se não fizessem parte – e, num certo sentido, não fazem – do mundo camponês. Há várias peculiaridades. São famílias extensas, de parentesco real ou simbólico, com posse útil da terra, propriedade comunitária repartida em pequenas roças, com cada chefe de família escolhendo livremente o terreno que pretende roçar, variadas formas de ajuda mútua, laços de compadrio, cerco da grande lavoura de exportação. A expressão quilombos contemporâneos cobre, por extensão, as roças de candomblé, os terreiros de xangôs e os aglomerados negros urbanos, como as favelas formadas após os primeiros anos da abolição:

> *Esses "terreiros" constituem verdadeiras comunidades que apresentam características especiais. Uma parte dos membros do "terreiro" habita no local ou nos arredores do mesmo, formando às vezes um bairro, um arraial ou um povoado. Outra parte de seus integrantes mora mais ou menos distante daí, mas vem com certa regularidade e passa períodos mais ou menos prolongados no "terreiro" onde eles dispõem às vezes de uma casa ou, na maioria dos casos, de um quarto numa construção que se pode comparar a um "compound". [...] "Compound" é um termo comumente aplicado na Nigéria a um lugar de residência que compreende um grupo de casas ou de apartamentos ocupados por famílias individuais relacionadas entre si por parentesco consanguíneo.*[37]

> *Uma vez admitida a singularidade das comunidades rurais negras do Brasil, forçosamente temos que admitir que elas estão em franca oposição a sua sociedade regional. O estudo de uma comunidade negra rural deve ser acompanhado de um amplo estudo da sociedade regional. No caso*

---
[37] ELBEIN, 1977, p. 32.

específico da comunidade negra dos "arturos" [...] tivemos que admitir que esta comunidade só era comunidade porque se contrapunha a uma sociedade local, representada pelo município de Contagem [MG]. [...] Da mesma forma, para entendermos a comunidade negra de Pinhões temos que entender pelo menos o município de Santa Luzia [...] e assim por diante.[38]

Nos séculos XVI e XVII, qualquer concentração de trabalhadores fugidos era chamada pelos portugueses de mocambo, termo oriundo de *mukambu*, do idioma quimbundo, cuja origem é "telhado de palha". Os mocambos se tornaram a denominação das povoações levantadas pelos negros no interior das selvas ou nas cumeeiras das serras. O designativo quilombo se tornaria comum a partir do começo do século XVIII e também é termo do idioma quimbundo, que significa "acampamento". Os portugueses estavam familiarizados com a palavra desde as guerras sangrentas para a conquista de Angola, ao longo do século XVII. Ginga, a lendária rainha de Matamba, enfrentou a penetração portuguesa recuando para a selva e construindo quilombos sempre abandonados à aproximação do inimigo. No Brasil, a fuga já era um ato de rebeldia, que prosseguia com a resistência às expedições repressivas e nos assaltos aos engenhos e povoados, bem como nas invasões para libertar outros escravos das fazendas. Os quilombos não foram, somente, um "ajuntamento" de escravos fugidos. Foram também, naqueles que tinham um número razoável de habitantes, uma organização econômica, social e política.

---

[38] SABARÁ, s/d., p. 167.

Predatorismo

O capital que financiou a colonização, com base na exportação do açúcar produzido a partir da cana, não se interessou por outra lavoura que não a cana, o algodão, o fumo e, mais tarde, o café. A extração de ouro e diamantes, no seu começo, não precisou de financiamento. No período pós-abolição, a extração da borracha amazônica e a lavoura de cacau, na Bahia, mantiveram essa tradição de "ciclo econômico". Interessava-se exclusivamente por aquilo que desse lucro – nem pode ser diferente nesse sistema, seja na fase mercantil, seja, mais tarde, nas fases industrial e financeira. O resultado foi a depredação das matas, dos rios e dos solos – como é exemplo a "queimada" (também conhecida como coivara indígena) usada para desmatar terrenos. Ou a degradação dos rios do Nordeste devido à calda dos engenhos lançada neles sem tratamento pelas construções e pelos locais de plantio, que erodiam o solo e causavam inundações e doenças, como a esquistossomose.

A superexploração do trabalho – com jornadas extremamente longas e ausência de proteção aos trabalhadores – se tornou um hábito do fazendeiro brasileiro, hábito que chegou aos nossos dias. Só entendemos um empreendimento se ele gerar altos lucros em pouco tempo – isto é o "capitalismo selvagem".

A definição moderna padrão para a escravidão é: *um sistema econômico-social que existiu nas Américas no período colonial, caracterizado pela escravidão de africanos, monocultura de exportação e extração de riquezas minerais.* Essa definição padrão mais encobre do que revela. Na verdade, a moderna civilização ocidental foi criação da escravidão. Foi ela, num comércio triangular entre os três continentes, por três séculos, que produziu a fabulosa riqueza material da Europa. *Foi* ela, também, na outra ponta, que produziu o atraso material das Américas e da África – e, no caso desta última, também sua estagnação demográfica. Produziu, ainda, o extermínio de boa parte das sociedades ameríndias e a ideologia do colonialismo, um conjunto de ideias "científicas" (da época) sobre a sociedade e os grupos humanos para justificar a exploração dos outros continentes pela Europa. Uma delas, a da superioridade dos europeus sobre os outros seres humanos, gerou muita baixa estima – o famoso "complexo de vira-lata", como dizia Nélson Rodrigues. Muito intelectual negro sofreu com a decretação de sua inferioridade *a priori* pela ciência da época. O poeta Cruz e Sousa, o ponto mais alto do nosso Simbolismo, por exemplo, se sentia emparedado por essa interpretação ideológica do conhecimento científico disponível na época.

Desprezo pelo próprio povo

Um tradicional desprezo pelo mundo do trabalho que, no Brasil, anda de braços dados com o desprezo pelo próprio povo, foi outro legado da escravidão. Estranhamente o escravo, em seu conjunto, valia mais que um sem trabalho ou um sem terra, os desclassificados – ou, como os classificados gostavam de chamar, a ralé, a escumalha, que se virava para sobreviver como cliente, agregado, milícia particular, "pau-pra-toda-obra", sempre à disposição do grande proprietário.

Infelizmente, ainda hoje sobrevive, como uma espécie de fóssil mental, certa maneira de lidar com os trabalhadores domésticos, sejam eles negros ou brancos: "Agora, saia!", pode dizer uma patroa a uma empregada sem provocar estranheza ou protesto; a superexploração, com horas extras não pagas; contratos informais de trabalho etc. "O passado oprime, como um fantasma, o cérebro dos vivos", dizia um *slogan* positivista. Todas essas práticas são de longa duração, resistiram às ondas de modernização que nos atingiram a partir daí. Em parte, se explicam pela desimportância do homem pobre livre na sociedade escravista.

Diversos observadores estrangeiros diziam, por isso, que no Brasil não havia povo. Há um diagnóstico sempre citado do médico francês Louis Couty (1854-1884), que, tendo vivido seus últimos oito anos de vida no Rio de Janeiro, escreveu em 1881 uma obra pioneira sobre a escravidão em nosso país, chamada *Slavery in Brazil*, na qual avaliou nossa curiosa situação quando passamos de monarquia a república: "Os escravos não eram povo, equiparados, na legislação colonial, às alimárias e bestas de carga; os não-escravos não eram nada. A literatura do tempo da escravidão é pródiga no personagem vadio, encostado, dependente e, por oportunismo, servil".[39]

Unidade nacional

Numa observação superficial, endossada posteriormente pela história didática, o Segundo Reinado foi responsável pela unidade nacional ao sufocar desde 1850, sem qualquer piedade, as tentativas rebeldes muitas vezes com participação de escravos, assim como os movimentos separatistas que ocorreram no Rio Grande do Sul, em Pernambuco, na Bahia, no Maranhão e em outros estados. O Império foi a expressão política do escravismo e, o imperador, o chefe supremo dos senhores de escravos, agindo sempre na defesa dos seus interesses.

---
[39] COUTY, 1988, p. 54.

Coronelismo

Por muito tempo, o fazendeiro em nosso país foi chamado de coronel. O posto não era do Exército, mas da Guarda Nacional, que nada mais era que uma milícia de proprietários instituída em 1831, durante o tumultuado período da Regência, e que, em momentos de agitação, surgiu para defender a ordem escravocrata (mais tarde, a ordem oligárquica). Em casos de distúrbios, levantes e rebeliões, o fazendeiro coronel (ou major, ou alferes) reunia seus soldados entre os desocupados, ou mesmo entre os escravos, à sua ordem. A Guarda Nacional perderia gradualmente sua importância a partir da Proclamação da República, mas dela ficaram a fama e as patentes que por tanto tempo se colaram ao fazendeiro. O posto de coronel é anterior à Guarda Nacional e, de direito, não era privativo aos fazendeiros, podendo graduar também comerciantes, advogados, médicos, burocratas, professores, industriais e padres. Além da repressão, o coronel se encarregava de outros dois serviços. Um político: colher votos que abasteciam a máquina de fazer políticos (do Legislativo e do Executivo) no Império e, com a República, a política dos governadores. Os coronéis da roça colhiam votos para deputados e senadores que, por sua vez, colhiam votos para presidente.

Mas os coronéis prestavam também um serviço simbólico, que só a literatura de ficção mostra: caçar lobisomem. Crença generalizada em nossa população rural, o lobisomem era a objetivação simbólica do contrato de servidão senhor-escravo e senhor-homem pobre. O lobisomem "existia" para garantir a adesão de trabalhadores e pobres à ordem escravocrata, que os faz escravos e pobres. "Que diabo andava dentro dele para provocar pavor, encher o povo de medo?", se perguntava o mestre Amaro, personagem do romance *Fogo morto (1943)*, escrito por José Lins do Rêgo, ao iniciar suas primeiras ações de luta contra os amos.

A lenda dos "arquivos queimados" de Rui Barbosa

Há muitas lendas sobre a escravidão brasileira. Uma das mais duradouras é a de que Rui Barbosa teria mandado destruir os arquivos da escravidão, nos impedindo de estudá-la. A lenda é da mesma natureza da que negava uma história ao continente africano.

Em primeiro lugar, a história não se faz apenas com documentos. Em segundo, a escravidão nos legou inúmeros tipos de documentos não escritos, orais (canções, autos populares, contos e poemas, ditos folclóricos, *causos*, chistes, anedotas etc.), rituais religiosos, obras de arte (pinturas, esculturas, charges, ilustrações de jornais e revistas), fotografias e edificações, sem falar de uma abundante literatura culta de ficção. A lista de objetos materiais e "imateriais" que contam a história da escravidão é infinita. São várias vozes, insuspeitas para o senso comum. Mesmo documentos em papel nunca faltaram, como por exemplo no caso de Palmares, sobre o qual se reuniram nos últimos anos mais de sete mil documentos, no Brasil, na África, em Portugal, na Espanha, na Inglaterra, na França, na Holanda e, até mesmo, na Dinamarca.

Mesmo que a história se fizesse somente com papéis, o pobre Rui estaria absolvido. Seu decreto, assinado enquanto exercia o cargo de Ministro da Fazenda do primeiro governo provisório (1889-1890), mandava queimar "todos os papéis, livros de matrícula e documentos relativos à escravidão, *existentes nas repartições do Ministério da Fazenda*" (o grifo é meu). Adiante, o decreto especifica que também serão incinerados, depois de remetidos à capital, as matrículas dos ingênuos (menores de idade), filhos livres de mulher escrava e libertos sexagenários. No parágrafo final, Rui Barbosa nomeia uma comissão para supervisionar a queima, da maneira que achasse melhor.

Poucas repartições fazendárias, afundadas em burocracia e negligência, cumpriram o decreto. E, se todas cumprissem, ainda assim o dano seria pequeno, pois a esmagadora maioria dos documentos oficiais sobre a escravidão não se encontravam nas repartições do Ministério da Fazenda, mas em registros de polícia, tribunais, igrejas, cartas e diários de particulares etc. Portanto, a simples leitura atenciosa do decreto – apoiado, aliás, pelos abolicionistas mais radicais – desfaz a lenda.

As lendas históricas são, em geral, um misto de ignorância inadvertida e esperteza intencional. Lideranças de movimento negro atual em geral supervalorizam a decisão de Rui: a lenda, nesse caso, vive da repetição. Caíram no ardil da história oficial – que valoriza unilateralmente a história dos vencedores – ao repetirem ser impossível levantar a história da escravidão por "falta de fontes".

Essas considerações não esgotam, contudo, a questão. Por que teria Rui Barbosa mandado incinerar documentos das suas repartições? A resposta se encontra nos últimos meses antes da Lei Áurea. Consciente de que o fim da escravidão chegara, a liderança escravocrata pressionou, como já fizera no caso da Lei do Ventre Livre e na dos Sexagenários, para receber do Estado uma indenização pelos escravos que perderia. Esse *lobby*, como hoje se diz, encontrou resistência nos abolicionistas, a começar por Rui Barbosa, Antônio Bento (aquele fazendeiro fundador dos caifases), Raul Pompeia, André Rebouças e outros, que achavam o contrário: se alguém merecia indenização era o ex-escravo. Rebouças, engenheiro negro de prestígio, não abria mão de uma abolição com "reforma agrária", que garantisse aos libertos um lote de terra. Nesse clima, Rui acabou com a pretensão dos senhores *indenizenistas* por meio da destruição de documentos que comprovassem aquele direito à indenização pretendida. Se haviam pago impostos alfandegários, registros de compra e venda e taxas correspondentes, poderiam comprovar o seu direito à indenização. Para os abolicionistas, era melhor destruir esses documentos. Para alguns, é verdade, o decreto de Rui se justificava por uma razão moral: apagar a "mancha negra do cativeiro que nos envergonhava como nação". Para esses, o que se esconde não existe.

A luta pela integração

Terminado o longo capítulo (quase quatro séculos) da história do trabalho sob a escravidão, surge a pergunta: por que, no período pós-abolição, o trabalhador escravo não se elevou, em geral, à situação de trabalhador livre? Achamos várias respostas, cada uma delas passíveis de outras perguntas.

A primeira é que se ergueu, com o tempo, um muro intransponível aos ex-escravos. Muro erguido, em parte, pelo preconceito contra o trabalhador negro – e aqui se vê como negro e trabalhador escravo estavam colados, sem que o senso comum conseguisse separá-los –, em parte pelo declínio econômico prolongado das áreas antigas de escravidão, como as regiões Norte e Nordeste, agora reduzidas à economia de subsistência e, finalmente, em parte pela *cultura da festa*. O muro a que aludi se constituiu desses e outros fatores.

A *cultura da festa* seria uma propensão do negro – e aqui, mais uma vez, essa condição "racial se funde com a social – a gastar seu tempo e seu pouco dinheiro ganho em biscates e virações com festas e tantas outras ocupações improdutivas. Algo assim como uma ojeriza ao trabalho continuado, com horário, disciplina e submissão a patrões; e ausência do proverbial *espírito de poupança*. A abolição devolveu ao negro a posse de seu próprio corpo e ele a assumiu apaixonadamente: cantar, dançar, beber a qualquer hora e sem controle. O samba, como o conhecemos hoje, nasceu nessa fase pós-abolição. E foi chamado por Muniz Sodré de *dono do corpo*.

> *O corpo exigido pela síncopa do samba é aquele mesmo que a escravatura procura violentar e reprimir culturalmente na história brasileira: o corpo do negro. Sua integração com a música, através da dança, já era evidente no Quilombo dos Palmares. Dispostas previamente as sentinelas, prolongam as suas danças até o meio da noite, com tanto estrépito batem no solo, que de longe pode ser ouvido. E já era bem visível a coreografia do samba: "Por via de regra, aos lados da rude orquestra, dispõem-se em círculos os dançarinos que, cantando e batendo palmas, formam o coro e o acompanhamento. No centro do círculo, sai por turnos a dançar cada um dos circunstantes. E este, ao terminar a sua parte, por simples aceno ou violento encontrão, convida outros a substituí-lo. Por vez, toda a roda toma parte no bailado, um atrás do outro, a fio, acompanhando o compasso da música em contorções cadenciadas dos braços e dos corpos".*
> *O "encontrão", dado geralmente com o umbigo (semba, em dialeto angolano), mas também com a perna, serviria para caracterizar esse rito de dança e batuque, e mais tarde dar-lhe um nome genérico, samba. Nos quilombos, nos engenhos, nas plantações, nas cidades, havia samba onde estava o negro, como uma inequívoca demonstração de*

> *resistência ao imperativo social (escravagista) de redução do corpo negro a uma máquina produtiva e como afirmação de continuidade do universo cultural africano.*[40]

Essa *cultura da festa* teria dificultado a integração do ex-escravo negro à sociedade de classes que se constituiu no Brasil no século XX. Um portador de tal cultura (hábitos, costumes, sentidos de vida, sociabilidade) será, por definição, um mau trabalhador assalariado; e, por essa razão, os ex-escravos seriam preteridos, no mercado de trabalho nascente, por imigrantes.

Tem fundamento essa explicação? Há, de fato, uma cultura da festa, mas a exclusão do negro das fábricas e das lojas, dos bancos, dos negócios e do funcionalismo público, ao mesmo tempo em que crescia a sua imagem de vadio, inconstante, pouco confiável etc., se deve principalmente à superposição de negro (boçal, passivo, pouco inteligente) e trabalhador (por conhecidas razões, bom trabalhador).

Isso por um lado. Por outro, o desenvolvimento capitalista, promovendo fábricas e empresas correlatas em simbiose com o capital financeiro e certa sofisticação tecnológica, liquidou a multidão de pequenos negócios de pretos forros das nossas cidades. É como se um formigueiro de pequenos empreendimentos tivesse sido pulverizado pelo capital dos grandes fazendeiros e dos investidores estrangeiros. Mas não é tudo. O próprio desenvolvimento industrial, acelerado durante a Primeira Grande Guerra (1914-1918) necessitava de um grande contingente de trabalhadores ociosos para superexplorar o trabalho dos contratados – essa é uma manifestação da lei da oferta e da procura: quanto mais trabalho oferecido, menor será o salário.

---

[40] SODRÉ, 1998, p. 11.

Para saber mais sobre o conteúdo deste capítulo

BAIOCCHI, Mari de Nasaré. *Negros de cedro*. São Paulo: Ática, 1983.

BRAGA, Júlio. *Na gamela do feitiço. Repressão e resistência nos candomblés da Bahia*. Salvador: EDUFBA, 1995.

CAMPOS, Andrelino. *Do quilombo à favela*. Rio de Janeiro: Bertrand Brasil, 2008.

CARVALHO, José Cândido de. *O coronel e o lobisomem*. Rio de Janeiro: José Olympio, 1964.

CASCUDO, Luís da Câmara. *Seleta*. Rio de Janeiro: José Olympio, 1976.

_____. *Made in África: pesquisas e notas*. 5ª ed. São Paulo: Global, 2001.

CHAUÍ, Marilena de Souza. *Conformismo e resistência: aspectos da cultura popular no Brasil*. São Paulo: Brasiliense, 1972.

COSTA E SILVA, Alberto da. *Imagens da África: da Antiguidade ao século XIX*. São Paulo: Companhia das Letras/Penguin, 2012. Ver, em especial, o capítulo "Al-Idrisi".

COUTY, Louis. *A escravidão no Brasil*. [1881]. Trad. M. H. Rouanet. Rio de Janeiro: Fundação Casa de Rui Barbosa, 1988.

ELBEIN, Juana. *Os nagô e a morte*. 2ª ed. Petrópolis: Vozes, 1977.

FERNANDES, Florestan. *O negro no mundo dos brancos*. Rio de Janeiro: Civilização Brasileira, 1972.

FERRETI, Sérgio F. *Querebentã de Zomadônu. Etnografia da Casa das Minas*. Rio de Janeiro: Pallas, 2009.

FREITAS, Décio. *Escravos e senhores de escravos*. Porto Alegre: Universidade Católica de Caxias do Sul/Chronos, 1977.

FREYRE, Gilberto. *Casa-grande & senzala*. Distrito Federal: Universidade de Brasília, 1963.

HASENBALG, Carlos. *Discriminação e desigualdade racial no Brasil*. Rio de Janeiro: Graal, 1979.

LACOMBE, Américo Jacobina; SILVA, Eduardo; BARBOSA, Francisco de Assis. *Rui Barbosa e a queima dos arquivos*. Rio de Janeiro: Fundação Casa de Rui Barbosa, 1988.

LUNA, Luiz; BARBALHO, Nelson. *Coronel dono do mundo*. Rio de Janeiro: Cátedra, 1983.

LUZ, Marco Aurélio. *Do tronco ao opa exin. Memória e dinâmica da tradição africana-brasileira*. Salvador: SECNEB, 1993.

MOURA, Clóvis. *O negro – de bom escravo a mau cidadão?* São Paulo: Conquista, 1980.

_____. *O negro*. São Paulo: Conquista, 1980.

MOURA, Roberto. *Tia Ciata e a pequena África no Rio de Janeiro*. Rio de Janeiro: MEC/Funarte, 1983.

PACHECO, Mário Victor de Assis. *Racismo, machismo e "planejamento familiar"*. Petrópolis: Vozes, 1981.

PANG, Eul-Soo. *Coronelismo e oligarquias (1889-1943)*. Rio de Janeiro: Civilização Brasileira, 1979.

SABARÁ, Romeu. *Comunidades rurais negras no Brasil.* Palestra apresentada no Encontro Nacional de Pós-Graduação em Ciências Sociais. Rio de Janeiro: mimeog., s/d.

SANTOS, Joel Rufino dos. *A questão do negro na sala de aula.* São Paulo: Ática, 1990.

SERRA, Ordep. *Rumores da festa. O sagrado e o profano na Bahia.* Salvador: EDUFBA, 2000.

SILVA, Carlos Benedito Rodrigues da. *Da Terra das Primaveras à Ilha do Amor.* São Luís, EDUFMA, 1995.

SODRÉ, Muniz. *Samba, o dono do corpo.* 2ª ed. Rio de Janeiro: Mauad, 1998.

Capítulo 10

Como eu ensinaria hoje a escravidão

Em suma, para começar, hoje eu a ensinaria como um *fato total*, uma ideia que *temos* e que, com estudo, *passaremos* a *fazer*. Ter ideia e fazer ideia são coisas distintas, uma superficial, outra profunda. No caso da escravidão, só podemos chegar a esse degrau do conhecimento desvendando, minimamente, a geografia e a história da África, como fiz neste livro. Foi um avanço da nossa historiografia, nos últimos anos, incorporar a parte africana da nossa história, e não apenas, aliás, nos estudos sobre escravidão. São indispensáveis, por isso mesmo, a bibliografia que arrolei ao fim de cada capítulo.

Chamo a atenção especialmente de meus colegas – e este livro se destina primeiro a professores – para o assunto dos ex-escravos que voltaram à costa ocidental da África, por onde a maioria fora embarcada para o Brasil, embora muitas vezes proveniente de regiões longínquas. Castro Alves versejou em seu famoso poema "O navio negreiro":

Depois o areal extenso...
depois o oceano de pó...
Depois no horizonte imenso
Desertos... desertos só...[41]

A saga dos retornados acaba de vez com o clichê do escravizado "vítima de um sistema econômico infernal". É verdade que o africano, o afrodescendente e o povo da floresta, que se encontrava aqui há pelos menos dez mil anos, foram os maiores sofredores da globalização moderna. É verdade também que o

[41] ALVES, 1996, p. 230.

sistema que os trucidou por quase quatro séculos, criando no fundo das minas e nas *plantations* americanas os lugares mais próximos do inferno que o homem já inventou, produziu a riqueza do Primeiro Mundo. O ouro brasileiro, para apenas dar um exemplo, deixou crateras em Minas Gerais, em Portugal igrejas suntuosas e, na Inglaterra, fábricas.

Mas não é toda a verdade. É preciso assinalar que aqueles trabalhadores desterrados para sempre de suas cidades, aldeias, tribos e comunidades foram os autores – secundados por índios e brancos – da civilização brasileira. A vítima, aqui, afinal, foi o vencedor.

Um momento comovente dessa capacidade de sobreviver e criar foi o dos agudás, do Benin, e dos amarós, da Nigéria. Genericamente, ambos retornados. A grandeza deles começa por terem poupado dinheiro com o próprio trabalho – quitandeiro, guia, artífice, ama de leite, feitor, escravo de ganho, intérprete, músico, preceptor etc. Imaginemos em quais condições! Pouparam para comprar sua alforria, a passagem de volta com bagagens, ferramentas e sementes. Voltavam, sobretudo, com *known-how* para abrir negócios, se instalar como empresários no Benin, na Nigéria e em outros locais que não eram já, ou nunca foram, sua terra natal. Nem todos eram poupadores; havia também revolucionários banidos pela repressão às rebeliões muçulmanas que sacudiram a Bahia entre 1808 e 1835.

Depois de desconsiderar as acepções semelhantes, derivadas e implícitas, que estão no dicionário e na fala corrente, para continuar ensinando eu me concentraria na escravidão como um modo de produção (escravismo, ou ainda escravidão, seu nome mais comum), apresentando-a de perto. Não como apresentamos uma pessoa: "Este é fulano, cirurgião médico, pesquisador do Hospital das Clínicas...", mas dando um tempo para o aluno refletir e ter lá consigo a própria ideia do fenômeno – não importa se absoluta ou relativamente equivocada.

Em seguida, combinaria a pedagogia do estudo de caso, histórias que mostrassem como um filme o que esse fenômeno foi, utilizando a pedagogia socrática de perguntas em cima das respostas. O leitor atento deve ter observado que não tratei a escravidão neste livro tão somente como um sistema econômico-social, mas como um *processo civilizatório*. Ora, qualquer processo civilizatório pode ser alcançado pela literatura (os *casos*, a ficção e a poesia), cujo objeto é precisamente as relações humanas em geral, de grupos sociais e de pessoas, especialmente as relações familiares; ou por meio dos estudos de casos. É o que falaremos no próximo capítulo.

Também ensinaria a Escravidão (que se pode grafar com maiúscula, para distinguir das outras acepções da palavra) da frente para trás. O abecê metodológico da história – o que também perturba o senso comum – é que ela não estuda o passado para explicar o presente, mas também o presente para explicar o passado. Não é, portanto, a ciência do passado, mas a ciência dos fatos no tempo que nos é acessível, um tempo longo (de longa duração, dirão os historiadores), instituído pelo relato. Nesse aspecto, a disciplina da história está mais perto da literatura que da ciência.

A história é uma seta de duas pontas: posso explicar um fato presente por outro do passado, mas posso também explicar um fato do passado por outro do presente. A árvore se conhece pela semente, mas a semente também se conhece pela árvore. Pode-se, então, dizer que toda história é contemporânea. Por exemplo, ao conhecermos a religião egípcia dos faraós, assentada no princípio do *ma'at*, entendemos a tradição dos orixás (candomblé), assentada no mesmo princípio vital, o axé. Mas podia ser o contrário:

conhecendo o axé e o terreiro atual, podemos compreender a religião dos faraós.

Se eu tivesse que escolher apenas uma das sugestões ao professor de história (sobre como ensinar a escravidão), seria esta: **ensiná-la como um capítulo da história mundial do trabalho.** Assim, coloca-se o escravo negro, africano ou brasileiro como civilizador do país, e não vítima – representada vulgarmente por cadeias, tronco e o pelourinho. A escravidão foi de fato um sistema de tortura, que visava transformar o trabalhador em objeto. O trabalhador escravizado, contudo, fosse o índio, fosse o negro, não se tornou objeto, manteve-se como pessoa humana, capaz de criar cultura e, em interação com os europeus, capaz de criar o que chamei de civilização. Naturalmente, civilização não no sentido preconceituoso do século XIX.

O que eu quis dizer com este livro?

O que terá ele de novidade no mar de títulos sobre escravidão?

A novidade é tomar a escravidão como capítulo da história mundial do trabalho que, por sua vez, engendrou um processo civilizatório e a primeira globalização moderna. É também novidade o apelo para estudar a geografia e a história da África, acrescentando ao que estudamos dos colonizadores e das elites brasileiras uma ideia *feita* de uma instituição de quase quatro séculos, e não apenas uma *vaga* ideia.

Por último, lembraria a meus colegas que não se estuda história para julgar, mas para compreender. Isso fica claro no caso do tráfico negreiro visando ao lucro, como se faz qualquer negócio hoje em dia; e no caso da escravidão como uma solução contingencial para o capital explorar o trabalho. Muito dessa época ainda está em nossa mentalidade, em nossos hábitos, em nossa maneira de tratar os trabalhadores – como tratamos, por quatro quintos da nossa existência, os índios e os negros. Os vivos são sempre e cada vez mais governados pelos mortos.

Para saber mais sobre o conteúdo deste capítulo

ALVES, Castro. "O navio negreiro". In P*oesias completas.* Rio de Janeiro: Ediouro, 1996.

CUNHA, Manuela Carneiro da. *Negros estrangeiros – os escravos libertos e sua volta à África.* São Paulo: Brasiliense, 1985.

GURAN, Milton. *Agudás. Os "brasileiros" do Benin.* Rio de Janeiro: Nova Fronteira, 2000.

OLINTO, Antônio. *Brasileiros na África.* Rio de Janeiro: GRD, 1964.

SODRÉ, Nelson Werneck. *Formação histórica do Brasil.* São Paulo: Brasiliense, 1962.

VERGER, Pierre. *Os libertos.* São Paulo: Corrupio, 1992.

Além da bibliografia que finaliza cada capítulo, recomendo abaixo obras gerais, necessárias ao entendimento da escravidão em seu conjunto.

BLOC, March. *Introdução à história.* Mem Martins: Europa-América , 1997.

CARDOSO, Fernando Henrique. *Capitalismo e escravidão no Brasil meridional.* 2ª ed. Rio de Janeiro: Paz e Terra, 1977.

IANNI, Octavio. *A era do globalismo.* 2ª ed. Rio de Janeiro: Civilização Brasileira, 1997.

KI-ZERBO. J. (ed.). Vários autores. *História geral da África.* Distrito Federal: Unesco-Secad/MEC, UFScar, 2010. Esta coleção, composta por oito volumes, foi produzida por mais de trezentos e cinquenta especialistas de diversas áreas do conhecimento, sob a direção de um Comitê Científico Internacional formado por trinta e nove intelectuais convidados pela Unesco, dos quais dois terços eram africanos. Disponível em: www.unesco.org/new/pt/brasilia/about-this-office/single-view/news/general_history_of_africa_collection_in_portuguese-1/). Acesso em: 1 fev. 2013.

RIBEIRO, Darcy. *O processo civilizatório*. Rio de Janeiro: Civilização Brasileira, 1975.

_____. *Os índios e a civilização*. Rio de Janeiro: Civilização Brasileira, 1970.

Capítulo II

A necessidade da literatura

A tradição do ensino brasileiro é manter as disciplinas separadas como baias. Ouve-se falar em interdisciplinaridade apenas no Ensino Superior. No entanto, ela se faria mais eficiente no Ensino Médio. Um bom exemplo é a abordagem do sistema escravista tal como sugerimos aqui. A literatura é o caminho mais eficaz para se chegar ao miolo da escravidão, aí onde ela aparecerá como forma, ou padrão, de relações afetivas – afetivas no sentido genérico, incluindo o ódio – entre iguais e desiguais.

O que foi a escravidão senão um padrão dessas relações, sem deixar de ser, obviamente, um padrão de acumulação do capital e capítulo da história do trabalho? A literatura de ficção trata, basicamente, do que é universal no homem, suas relações de família e parentesco – amores, ódios, invejas, rivalidades, crueldades e bondades.

Quando falo literatura de ficção não me refiro apenas à que se refugia no livro, nas antologias, mas também à oral, à cantiga, ao folguedo, ao cordel. Transcrição da literatura oral que remonta à Idade Média, o cordel reproduz a visão popular do escravo e do senhor, da sua norma e da sua exceção: *História da escrava Isaura, Peleja de Manuel Riachão com o Diabo, Encontro do Negro com o Monstro de Rio Negro, História e martírio da Escrava Anastácia...*[42]

Por exemplo, nada informa melhor sobre o funcionamento da escravidão do que a história do Bumba-Meu-Boi, com suas inúmeras variantes em todo o país. O enredo do Boi, bastante variado, é simples: trata-se de uma escrava grávida, Catirina, que tem

---

[42] SANTOS; VIANNA, 1989.

o desejo de comer língua de boi e leva o marido, Pai Francisco (ou Mateus), a sacrificar um animal do seu senhor. Satisfeito o desejo da mulher, ele reparte os despojos entre os companheiros de trabalho. Depois da festa, foge. Por azar, o animal era o preferido do amo que, irado e choroso, manda índios amigos à sua procura. Pai Francisco é capturado, castigado, mas depois ele próprio se empenha em resolver o problema. Convocam-se peritos de diferentes tradições – médico, feiticeiro, pajé, curandeiro e outros –, que ressuscitam o animal pela aplicação de um clister no rabo.

Por meio de perguntas se pode chegar aos tempos desse enredo: o desejo da negra, a repartição das partes, a fuga, a captura por índios amigos, o castigo, a culpa e a purgação do escravo, a ressurreição do animal totêmico após a pajelança. O elemento fundador do Boi, porém, é o desejo da negra. Ao reconhecer esse desejo, o negro (Mateus) institui a mulher (Catirina) e a si próprio como humanos, coisa impensável para os traficantes e senhores de escravos que os veem como "coisas", *instrumentum vocale,* no direito da época.

Isso não significa que o professor deve usar o texto literário para ilustrar a história. A instrumentalização didática da literatura engana o aluno – e, quando ele percebe, desacredita as duas disciplinas. A literatura deve ser usada como forma específica – e, em muitos casos, como uma forma superior de conhecimento – para entender profundamente um fato histórico e tomá-lo como um fato total, que diz respeito a qualquer pessoa, mesmo as que não leem. Por fim, a literatura ensina sem ensinar.

São inúmeros os exemplos de ensino da escravidão por meio da ficção; neste livro se encontram alguns, e eu poderia ter mencionado outros. Os livros publicados em Portugal e depois já no Brasil, durante três séculos e meio de escravidão, são a sua crônica. Mesmo quando ausente, o nome escravidão – dizia-se de preferência cativeiro, um eufemismo – estará presente de alguma maneira. A ausência também fala.

Deixei por último duas ficções exemplares: uma peça de teatro, *O diabo familiar*, de José de Alencar, em que se escancara a subjetividade de uma família urbana típica em interação com seu pajem escravo; e o célebre *O cortiço,* de Aloíso Azevedo. As duas obras podem ser tomadas como casos aos quais se podem fazer perguntas e reperguntas, produzindo-se uma ideia do que foi a escravidão como uma maneira de estar no mundo.

Caso 1. *O demônio familiar*, de José de Alencar

O drama se passa no interior de uma família típica da Corte no apogeu da escravidão: uma jovem senhora viúva e seus dois filhos; o rapaz, que assumira a chefia, e a irmã em idade casadoira. Perfeito, não fosse um diabo familiar, o escravinho Pedro. Ele tem um desejo: tornar-se pajem para brilhar entre os outros moleques de farda com libré. Assim, trama o casamento dos patrões com pretendentes ricos, por meio da troca de cartas. Embora não saiba ler, Pedro consegue distinguir quando é carta de amor. No final, o diabinho familiar consegue o seu intento. O amo descobre a trama e lhe dá um castigo exemplar. Na última cena, em presença de toda a família, solene, lhe dá... a carta de alforria: "Serás livre, Pedro, de agora em diante arcarás com as consequências de teus atos".

Alencar que, como deputado se opôs com firmeza à Lei do Ventre Livre por julgá-la comunista, contra a propriedade escrava, polemizou com os abolicionistas: sua peça fora mal compreendida, era abolicionista.

A literatura de ficção é a melhor maneira de mostrar como a sociedade funciona – tanto naquilo em que ela permanece, como naquilo em que muda. Usada não apenas como mera ilustração, mas como forma de apreender, e aprender o que é essencial na história: a vida. A história não consegue andar sozinha, precisa dar o braço à literatura, a outra "ciência do tempo". Interessante o tempo, um dos maiores enigmas da existência. O tempo da história e da literatura é o mesmo – aquele que se situa entre o tempo cósmico, acima da nossa compreensão, e o tempo cotidiano, abaixo do nosso desejo.

Caso 2. *O cortiço*, de Aloísio de Azevedo

Outra amostra de como a ficção acrescenta conhecimento a uma sociedade é este famoso romance. Nele se movem criaturas socialmente insignificantes, que poderiam viver nos dias atuais: comadres, camelôs, empregadas domésticas, ex-escravos, operários portugueses, adolescentes descobrindo a sexualidade, malandros, cafetões, bandos de capoeiras, comendadores enriquecidos pelo tráfico, mulatas disputadas pela fama de serem quentes na cama... Uma hipocrisia psicossocial marcava essas relações, como se vê nesta obra de Azevedo, publicada em 1890.

Bertoleza é escrava de cama e mesa. Cozinheira de mão-cheia, foi responsável pelo enriquecimento do seu dono, João Romão, que lhe prometia dar a alforria e tê-la na sua cama até a morte. Dono de lojas e do cortiço, ao enriquecer decepcionou-a, casando-se com a filha de um conterrâneo rico, Miranda, comerciante de escravos em dificuldade pelo fim do tráfico. Faltava um arremate trágico a esta relação entre senhor e escrava. Leiam as últimas cenas do romance, em que o novo dono de Bertoleza vem buscá-la:

> *Seu primeiro impulso [de Bertoleza] foi de fugir. Mal, porém, circunvagou os olhos em torno de si, procurando escapula, o senhor adiantou-se dela e segurou-lhe o ombro:*
> *– É esta! Disse aos soldados que, com um gesto intimaram a desgraçada a segui-los. – Prendam-na, é escrava minha!*
> *A negra, imóvel, cercada de escamas e tripas de peixe, com uma das mãos espalmada no chão e com a outra segurando a faca de cozinha, olhou aterrada para eles, sem pestanejar.*
> *Os policiais, vendo que ela se não despachava, desembainharam os sabres. Bertoleza, então, erguendo-se com ímpeto de anta bravia, recuou de um salto, e antes que alguém conseguisse alcançá-la, já de um golpe certeiro e fundo rasgara o ventre de lado a lado.*
> *E depois emborcou para a frente, rugindo e esfocinhando moribunda numa lameira de sangue.*
> *João Romão fugira até ao canto mais escuro do armazém, tapando o rosto com as mãos.*
> *Nesse momento parava à porta da rua uma carruagem. Era uma comissão de abolicionistas que vinha, de casaca, trazer-lhe respeitosamente o diploma de sócio benemérito.*
> *Ele mandou que os conduzissem à sala de visitas.*[43]

---
[43] AZEVEDO, 2001, p. 221-222.

Para saber mais sobre o conteúdo deste capítulo

ALENCAR, José de. *O demônio familiar*. São Paulo: Martin Claret, 2003.

ALVES, Castro. "O navio negreiro". In *Poesias completas*. Rio de Janeiro: Ediouro, 1996.

AZEVEDO, Aloísio. *O cortiço*. São Paulo: Martin Claret, 2001.

BLOC, March. *Introdução à história*. Mem Martins: Europa-América, 1997.

DUARTE, Eduardo de Assis. *Machado de Assis afrodescendente*. Rio de Janeiro: Pallas, 2007.

GONÇALVES, Ana Maria. *Uma questão de cor*. Rio de Janeiro: Record, 2011.

MONTELLO, Josué. *Os tambores de São Luís*. Rio de Janeiro: José Olympio, 1976.

NETTO, Coelho. *Rei negro*. Rio de Janeiro: Ediouro, 1995.

RABASSA, Gregory. *O negro na ficção brasileira: meio século de história literária*. Rio de Janeiro: Tempo Brasileiro, 1965.

REGO, José Lins do. *Fogo morto*. Rio de Janeiro: José Olympio, 2010.

SANTOS, João Felício dos. *Xica da Silva*. Rio de Janeiro: José Olympio, 2007.

SANTOS, Olga de Jesus; VIANNA, Marilena. *O negro na literatura de cordel*. Rio de Janeiro: Fundação Casa de Rui Barbosa, 1989.

SAYERS, Raymond. *O negro na literatura brasileira*. Rio de Janeiro: O Cruzeiro, 1958.

TRINDADE, Solano. *Cantares ao meu povo*. São Paulo: Brasiliense, 1981.

O autor

Joel Rufino dos Santos, nascido no Rio de Janeiro em 1941, é escritor e historiador, com doutorado em Comunicação e Cultura pela Universidade Federal do Rio de Janeiro, instituição na qual lecionou literatura brasileira por vinte anos. É autor de dezenas de livros de literatura infantojuvenil, de vários romances (entre eles *Crônica de indomáveis delírios*, de 1991, *Bichos da Terra tão pequenos*, de 2010, e *Claros sussurros de celestes ventos*, de 2012) e de vinte e seis títulos de não ficção, entre ensaios de literatura e livros didáticos de história.

Dentre suas obras na área da historiografia destacam-se *História Nova do Brasil* (1963, em coautoria), obra que rendeu ao autor prisão e exílio durante a ditadura militar, *O dia em que o povo ganhou* (1972) e a biografia do líder negro *Zumbi*, publicada em 1985. Também foi roteirista das minisséries de televisão "Zumbi, rei dos Palmares" (TV Educativa), "Abolição" e "República" (TV Globo).